新学習指導要領対応

小学 5 年生

学校でも、家庭でも
教科書レベルの力がつく！

読解習熟プリント

大判サイズ
コピーしやすい！

馬場田 裕康 著

これなら
できた！

清風堂書店

はじめに

読解が苦手な子どもは、文章を読むことが苦手という場合がほとんどです。そこで本書は、「なんだか面白そう」「ちょっと読んでみよう」と思える内容を目指しました。

もし一回読んで悩んでいるようでしたら、もう一度文章を読んでみるよう声をかけてあげてください。答えのほとんどは、その中にあります。読むことがゴールへの近道なのです。

各学年で特に重要な項目は、低学年は「だれが」「どうした」という文の組み立ての基本。中学年は「つなぎ言葉」「こそあど言葉」など、文と文の関係や、段落の役割。高学年は「理由」「要約・主張」など、文章全体をとらえることです。

これらの項目の内容が無理なく身につくよう、易しい基礎問題から始め、つまずきやすいポイントは解説つきにしています。また、「読解に自信がある」という人も、まとめ問題でさらに自信を深めていけるようにしました。

本書が活用され、読解問題に楽しんで取り組む子どもが増えていくことを願います。

★改訂で、さらにわかりやすく・使いやすくなりました！

変わらない特長

○ 通常より細かなスモールステップで「わかる」！
○ 大事なところはくり返し練習で「わかる」「できる」！
○ 教科書レベルの力が身につく！

新しい特長

○ 学習項目ごとに、チェック→ワーク→おさらいの「3ステップ」。読解力の土台をつくる！
○ より実践的な「まとめ問題」で応用力がつく！
○ 答えに「ワンポイントアドバイス」つき
○ 読みやすくわかりやすい「太めの手書き風文字」

使い方

タイトルの学習項目の内容を中心に出題しています。

チェック

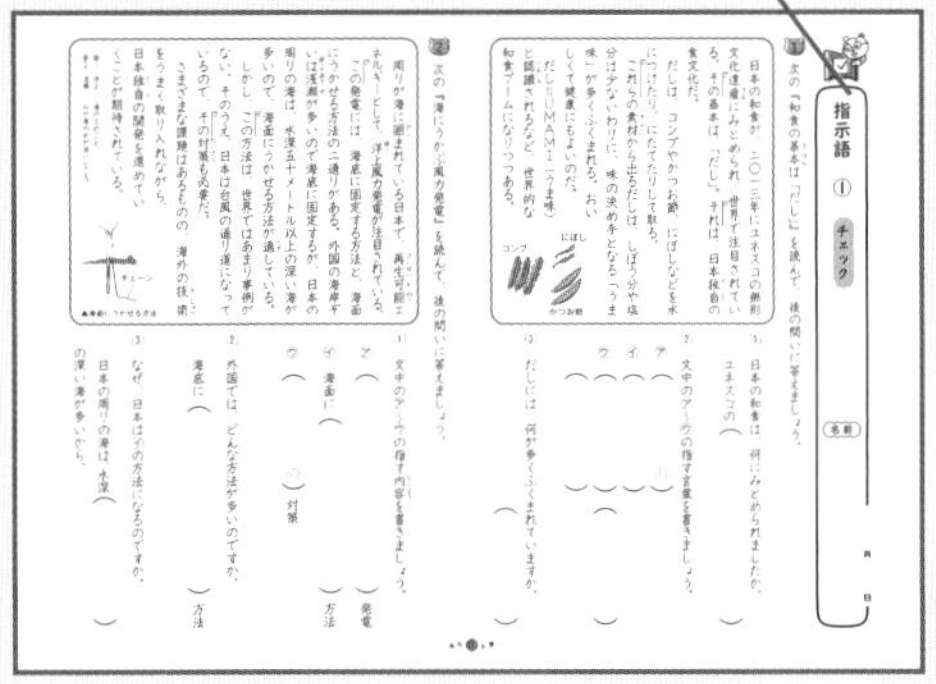

まずはうでだめし。問題を解いてみることで、自分の力をチェックできます。

ワーク

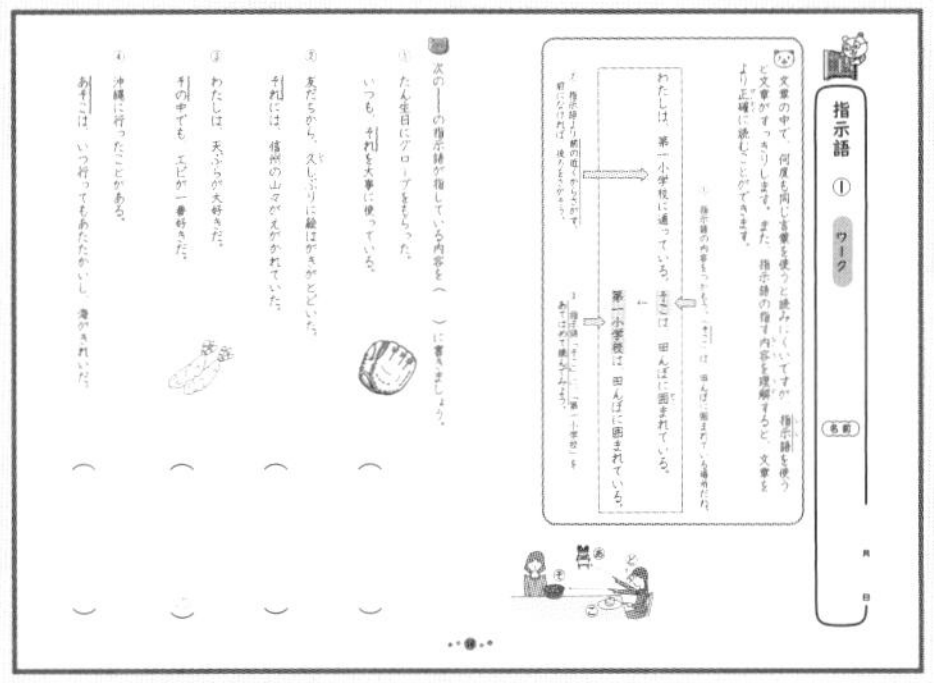

ワークの練習問題や解説で、理解が深まります。

おさらい

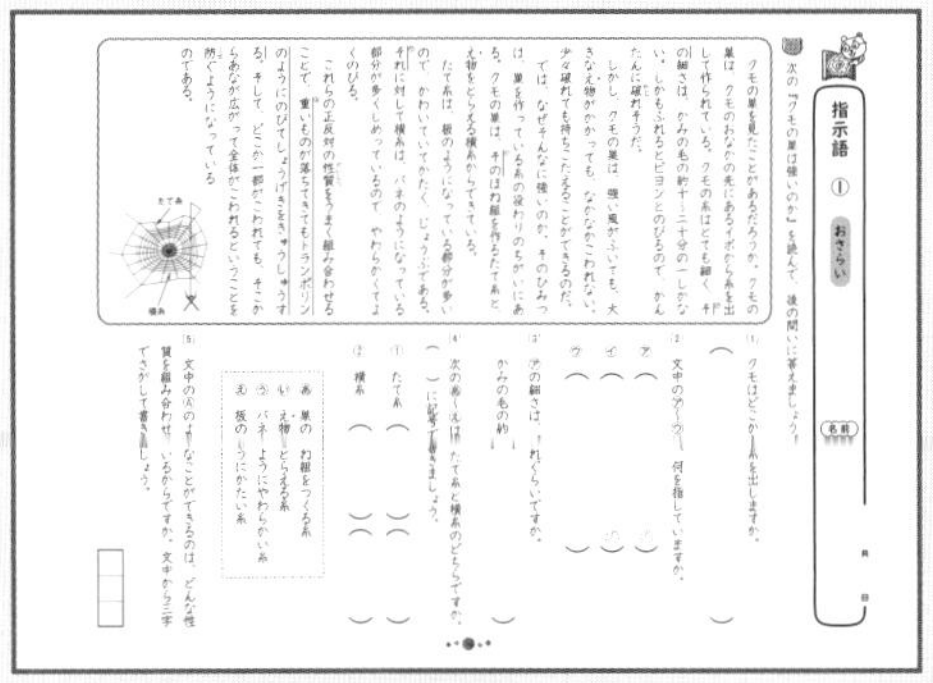

おさらいで、学んだ項目のしあげができます。

3ステップをくりかえすことで、読解力の基礎が身につく！

まとめ問題

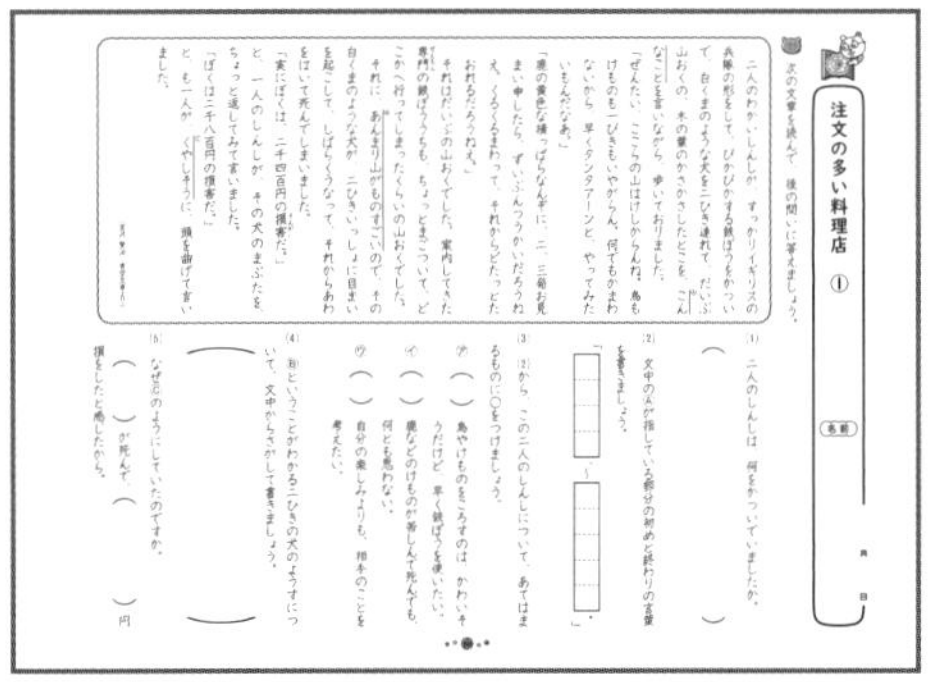

まとめ問題でさらに実践力がつきます。

読解習熟プリント五年生　もくじ

きそ問題

まとめ問題

主語・述語

チェック

名前

月　日

1 次の『ふくらむおもち』を読んで、後の問いに答えましょう。

お正月によく食べられるおもち。それを焼くと、おいしそうにぷくりとふくらんでくる。

おもちは、主にでんぷんでできている。店で売っているパックの切りもちも、表面はかんそうして固くなっているが、内側には、おもちをついたときの水分がとじこめられている。

だから、おもちを焼くと、でんぷんが水分をふくんで、ねばりが出るのだ。

このとき、おもちの中の水分が、水じょう気になり、体積が大きくなる。それが、おもちを風船のようにふくらませる。こうしておもちは、ぷくりとふくらむのだ。

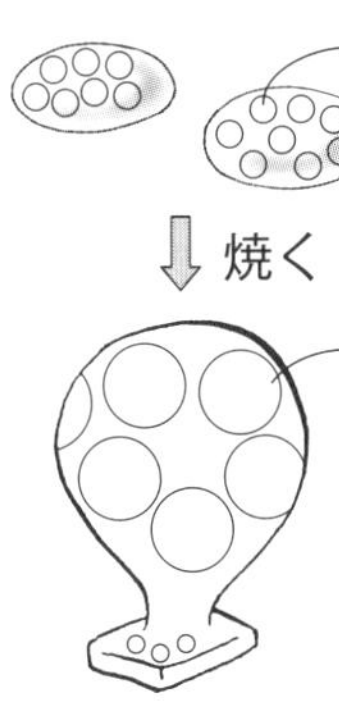

(1) お正月によく食べられるものは、何ですか。

（　　　　　　）

(2) おもちの内側には、何がとじこめられていますか。

（　　　　　　）の（　　　　　　）

(3) おもちを焼くと、(2)はどうなりますか。

（　　　　　　）になって、おもちを（　　　　　　）のようにふくらませる。

2 次の『ひがたからエールを送るカニ』を読んで、後の問いに答えましょう。

※ひがたには、川から運ばれてきた栄養分を食べる貝やカニなどがいる。そして、それらを食べるわたり鳥もやってくる。多くの生き物にとって大切な場所だ。

宮城県の仙台《せんだい》市にあるひがたは、東日本大震《だいしん》災《さい》で津波《つなみ》におそわれ、多くの生き物がすがたを消した。

しかし、震災から二年目の夏に、多くの生き物を見つけることができた。

体長一センチメートルほどのチゴガニは、巣あなから出てくると、小さな体全部を使ってハサミをふり上げる。

そのようすは、まるで、「がんばれ、がんばれよ。」とエールを送っているようにも見える。

※ひがた……海岸近くなどの砂地《すなち》で、潮《しお》が引くと現《あらわ》れる、砂やどろが広がる場所のこと。

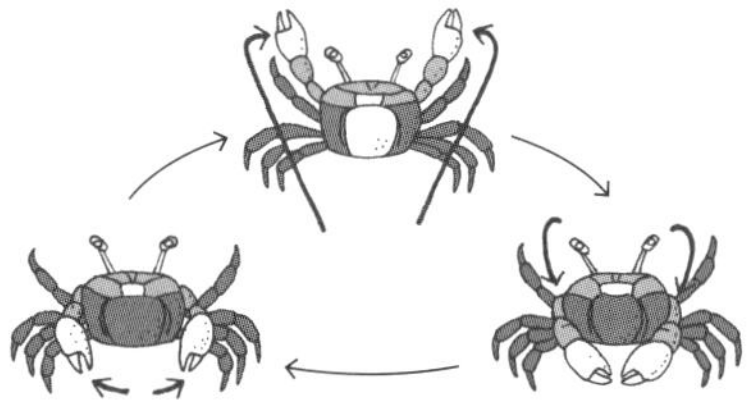

▲チゴガニのエール

(1) 多くの生き物にとって大切な場所はどこですか。

（　　　　　　）

(2) 震災から二年目の夏にひがたで見つけたカニは、何ガニでしたか。

（　　　　　　）

(3) (2)のカニが、ハサミをふり上げるようすは、どのように見えると書かれていますか。

「（　　　　　　）」と

（　　　　　　）を送っているように見える。

主語・述語

ワーク

名前　　　　　月　　日

文の要点をとらえるために、まず主語と述語《じゅつご》をおさえましょう。

主語	述語	
何が（は） だれが（は）	どうする	…枝《えだ》が　ゆれる。
	どんなだ	…バラは　美しい。
	何だ	…弟は　サッカー選手だ。

主語は省略《しょうりゃく》されることもあるよ。
「ノートに書く」「トイレに行く」は、「わたしは」という主語を省略しているね。

1 次の文の――は述語です。述語をもとに主語を見つけて――を引きましょう。主語がない場合は、（　）に「なし」と書きましょう。

① 先週、ぼくたちは　バスで　信州へ　行った。（　　）

② 五年生の　子どもたちは、自動車工場に　質問《しつもん》の　手紙を　書いた。（　　）

③ 大きな　ウナギを　かごの　中に　入れた。（　　）

長い文でも、述語から見つけると主語が見つけやすくなります。

晴れた　日には　木の　葉の　かげや　草の　根元に　かくれて　いる　カタツムリは、雨上がりや　しめり気の　多い　日に　なると　さかんに　出てきます。

① まず述語から見つけよう。文末にあることが多いよ。

② 次に主語を見つけよう。出てきたのはカタツムリだね！

2 次の文の中心となる主語と述語を書きましょう。

① 花だんの近くの巣あなから、アリが数ひきずつ群れになって、出ていった。

② コガネムシは、群れをなしたアリたちに体中をかみつかれ、時間とともに弱り、力つきた。

（主語）　（述語）

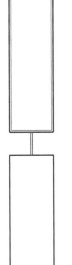

主語・述語

おさらい

名前

月　日

次の『生命は海で生まれて』を読んで、後の問いに答えましょう。

わたしたちの住む地球は、今から四十六億年ほど前にできたと言われています。でも、そのころには水もなく、生物もいませんでした。

三十八億年ほど前に、初めて海で、目には見えないくらいの小さな生物が生まれたと言われています。

そして、二十七億年前には、太陽の光を取り入れる生物が現《あらわ》れました。

六億年ほど前になって、やっと海そうのようなものが出てきて、ゆらゆらと海の中でゆれていました。クラゲのような生物も現れました。

五億年前になると、三葉虫《さんようちゅう》やアノマロカリスなど目を持つ生物がたくさん現れるようになりました。

また、そのころ、ピカイアというナメクジウオの仲間がいました。この生物は、頭からしっぽまでやわらかなぼうのようなもので体を支《ささ》えていました。

かつてはこのピカイアが、人間などせぼねを持つ生物の祖先《そせん》と言われていましたが、最近の研究ではそれとは別の魚類が直接《ちょくせつ》の祖先であると言われています。どちらにしても、生物の進化というのは、不思議なものですね。

▲ピカイア

(1) 地球は、何年ほど前にできましたか。

（　　　　）前

(2) 三十八億年ほど前に、どこで生物が生まれたと言われていますか。

（　　　　）

(3) 六億年ほど前には、どのようなものが現れましたか。

（　　　　）（　　　　）

(4) 五億年前、目を持つ生物にはどんなものがいたと書かれていますか。

（　　　　）（　　　　）

(5) かつて人間などせぼねを持つ生物の祖先と言われていた生物は、何ですか。

（　　　　）

(6) (5)の生物は、何で体を支えていましたか。

（　　　　）

修飾語

チェック

名前

月　日

❶ 次の『虫歯にならないために』を読んで、後の問いに答えましょう。

虫歯になると、いたくてたまらず、放っておいても治りません。では、なぜ虫歯になるのでしょうか。

口の中には、たくさんのきんがすみついていて、その中に「虫歯きん」もいます。これが、食べたあまいものから歯をとかす成分をつくり、虫歯になっていくのです。

このあまいものは、㋐ケーキやおかしだけを指すのではありません。ご飯やイモ・豆などのこく物なども、口の中のつばの働きで、あまいものにかえられます。

だから、食べた後はしっかり歯みがきして、虫歯を防《ふせ》ぎましょう。

(1) 虫歯きんは、どこにすみついていますか。

（　　　　）

(2) 虫歯きんは、食べたあまいものから、何をつくり出しますか。

（　　　　）

(3) 文中の㋐をあまいものにかえるのは、何の働きですか。

（　　　　）の働き

❷ 次の『ネコの舌《した》からそうじ機を』を読んで、後の問いに答えましょう。

「ゴミすての回数を減《へ》らせるそうじ機を作りたい。」そのヒントになったのが、ネコの舌です。

ネコの舌には、小さなトゲのようなものがたくさんついていて、ザラザラしています。きれい好きなネコは、それをブラシ代わりにして、「毛づくろい」をします。そして、なめとった毛玉を飲みこんで、まとめてペッとはきすてるのです。

そこに目をつけて、そうじ機のゴミをちぢめるパーツに、トゲのような小さなとっ起物をたくさんつけてみました。すると、ゴミにふくまれている空気が分けられて、ゴミのかさを今までの十五分の一にまでちぢめることができたのです。このような技術《ぎじゅつ》を「生物もほう技術」といい、さまざまなものに役立てられています。

(1) どんなそうじ機を作りたかったのですか。

ゴミすての（　　　　）そうじ機

(2) (1)のために、何がヒントになったのですか。

（　　　　）

(3) (2)のヒントをもとに、何をどこにつけましたか。

何を（　　　　）

どこに（　　　　）

修飾語 ワーク①

名前

月　日

文の要点をとらえるために、主語・述語《じゅつご》をおさえますが、それだけでは意味が不十分なこともあります。大事な修飾語《しゅうしょくご》を見つけて、よりくわしく文の要点を読み取りましょう。

ツバメは、田や 畑の 上を 飛び回って、たくさんの 害虫を とらえます。

① まず述語から見つけよう。文末にあることが多いよ。

② 述語の次に主語を見つけよう。「とらえます」はツバメの動作だね。

「ツバメはとらえます」だけでは意味がわかりにくいな。

③ 「何を」があるとよくわかる文になるね！

1 次の文の述語に——、主語に＝＝を引いてから、大事な修飾語（何を）に〜〜〜を引きましょう。

① 妹は、小さいころから デザイナーを 目指している。

② ミツバチは、前あしと 中あしを 使って 花粉団子《かふんだんご》を 作る。

③ ムササビは、グライダーのように 飛ぶために、前あしから 後ろあしに 広がった 皮まくを いっぱいに 広げる。

2 次の文の主語、述語と大事な修飾語を書きましょう。

① オオアリクイは、七十センチメートルもある 長くて べとべとした べろを すばやく 出し入れして、岩のおくにいる シロアリを なめる。

［　　　］は ［　　　］を ［なめる］。

② サハラギンアリは、地表温度が 四十五度〜五十度の場所で エサさがしを する。

［　　　］は ［　　　］を ［　　　］。

修飾語 ワーク②

名前

月　日

〰〰はすべて修飾語《しゅうしょくご》です。大事な修飾語は、何を聞かれているかによって変わります。

わたしは　きのう、一りんの　たんぽぽを　庭で　お姉さんと　見つけた。

〈いつ？〉　わたしは　きのう　見つけた。
〈何を？〉　わたしは　たんぽぽを　見つけた。
〈どこで？〉　わたしは　庭で　見つけた。
〈だれと？〉　わたしは　お姉さんと　見つけた。

次の文の主語、述語《じゅつご》と大事な修飾語を、たずねられていることにあわせて書きましょう。

① チーターはヒョウの仲間で、アフリカの草原にすむ。
〈どこに〉
［　　は］［　　の　　に］［　　］。

①述語
②主語
③修飾語の順で見つけてみよう♪

② 父は、仕事がいそがしかったのか、目をこすりながら、九時過《す》ぎに帰ってきた。
〈いつ〉
［　は、　］

③ 夕ぐれのきれいな海岸ぞいを、わたしは、星空が見え始めるまで母と歩いた。
〈だれと〉
［　　］

④ 意外かもしれないが、アイスクリームは五世紀《せいき》ごろ中国で生まれた。
〈どこで〉
［　　］

修飾語

おさらい

名前

月　日

次の『アゲハチョウのひみつ技《わざ》』を読んで、後の問いに答えましょう。

アゲハチョウのメスは、ミカンの仲間の木にたまごを産み付けます。これは、アゲハチョウのよう虫が、ミカンの仲間の木の葉しか食べないからです。

たくさんの木がある中で、なぜその木を見分けることができるのでしょうか。

それは、葉の味見をしているからです。でも、いきなり味見はしません。まず、飛びながら植物の色や形、においをたよりに見当をつけます。それらしい木が見つかったら、「いただきま～す！」パクパク……とはいきません。アゲハチョウの口はくるくる丸まったストローのようになっているので、パクパクと味見はできないのです。

では、どこで味見をしているのでしょうか。それは、前あしの先です。そこには、味を感じる毛が生えています。左右のあしで葉をこうごにたたくことで、味見をするのです。この「ドラミング」とよばれる動きをして、ミカンの仲間の葉の味がする成分があるかを確《たし》かめます。

このようなひみつ技を使うことで、アゲハチョウは、よう虫が食べるミカンの仲間の葉に、たまごを産み付けることができるのです。

ミカンの木を観察してみると、チョウが葉に止まってドラミングしている音を聞くことができるかもしれませんね。

(1) アゲハチョウは、どんな木にたまごを産み付けますか。

（　　　　　　　　）

(2) なぜ、(1)の木を見つけることができるのですか。

（　　　　　　　　）

(3) (2)は、どこでしていますか。

（　　　　　　　　）

(4) (2)は、どのようにしていますか。

（　　　）で、（　　　）をこうごに（　　　）。

(5) (4)によって、何があることを確かめていますか。

（　　　　　　　　）

(6) (4)の動きは何とよばれますか。文中からさがして、五字で書きましょう。

□□□□□

文の組み立て ① チェック

名前　　月　日

1 次の『ムササビの一日』を読んで、①〜④の中心となる主語と述語《じゅつご》を書きましょう。

① 昼のねむりから覚めたムササビの活動が始まった。

② 木のあなから出てきたムササビは、木の幹《みき》高くまでかけ上がる。

③ ムササビは、前あしから後ろあしに広がった飛まくをいっぱいに広げて、風に乗って、グライダーのように飛ぶ。

④ 太く長いしっぽを、左右にたくみに動かす。

① [　　] ― [　　]。

② [　　] ― [　　]。

③ [　　] ― [　　]。

④ [（ムササビは）] ― [　　]。

2 次の『熱帯雨林減少《ねったいうりんげんしょう》とパーム油《ゆ》』を読んで、後の問いに答えましょう。

「パーム油」と聞いても、ピンとこないだろう。でも、スナックがしやカップラーメン、せんざいなど、意外と㋐身近なところで使われている。成分表示《ひょうじ》に「植物油脂《ゆし》」と書かれているのがそれである。

この油は、アブラヤシの実をしぼって作られる。植物から作られるので、一見かん境《きょう》にやさしく感じる。しかも価格《かかく》が安い。そのため、アブラヤシのさいばいがここ最近で急げきに㋑増《ふ》えてきている。

しかし、熱帯雨林をばっ採《さい》して植えるので、一億年かけて育まれたジャングルがみるみるこわされている。熱帯雨林をすみかとしていた動物たちは追い出されてしまったのだ。

便利だから、安いからとどんどん使う……そのうらで何が起こっているかについても、考えるべきではないだろうか。

(1) 何が㋐身近なところで使われているのですか。

(2) (1)が使われている例を、三つ書きましょう。

（　　）（　　）（　　）

(3) 何が㋑増えてきているのですか。

（　　）

文の組み立て ① ワーク

名前

月　日

長い文には、修飾語《しゅうしょくご》がたくさん出てきます。それぞれの修飾語がどの言葉をくわしくしているか、文図《ぶんず》にするとわかりやすくなります。

〈文〉五年生の　子どもたちは、社会見学で　テレビ局に　行った。

〈文図〉

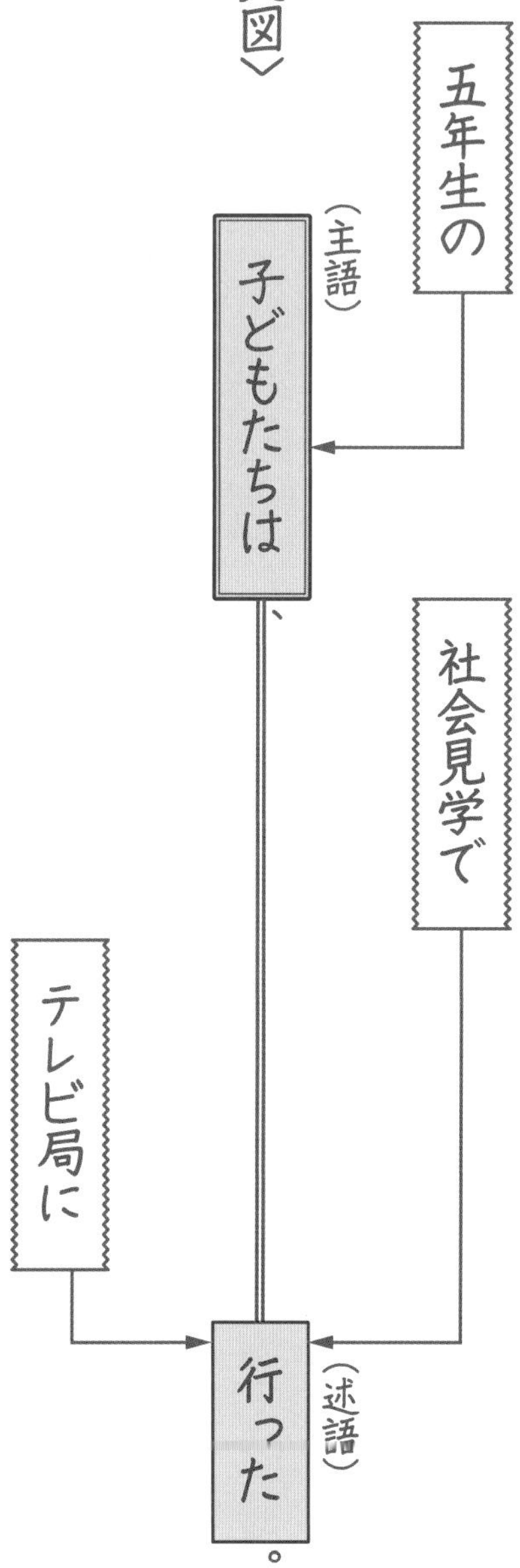

「五年生の」は主語をくわしくしていて、「社会見学で」と「テレビ局に」は述語《じゅつご》をくわしくしているんだね！

次の文を文図に表しましょう。

① 肉食の　鳥の　くちばしは、するどく　曲がっている。

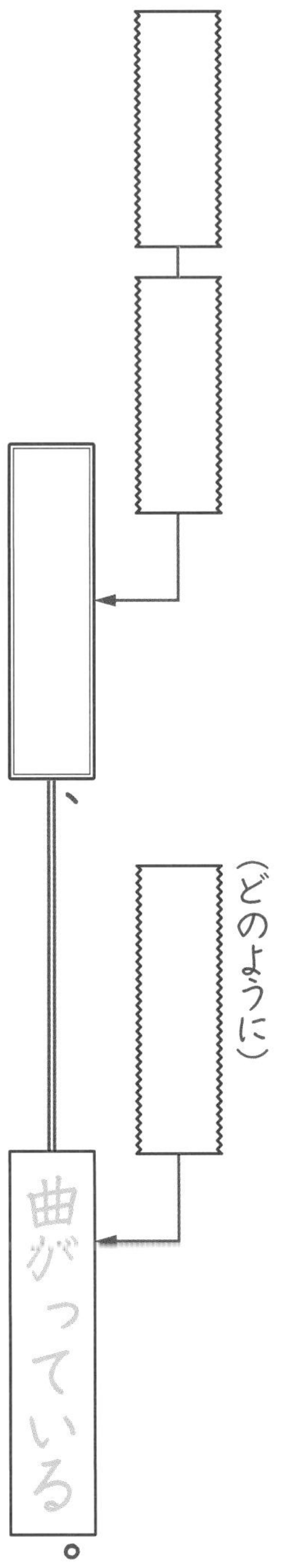

② わたしは、母のために　球根を　花だんに　植えた。

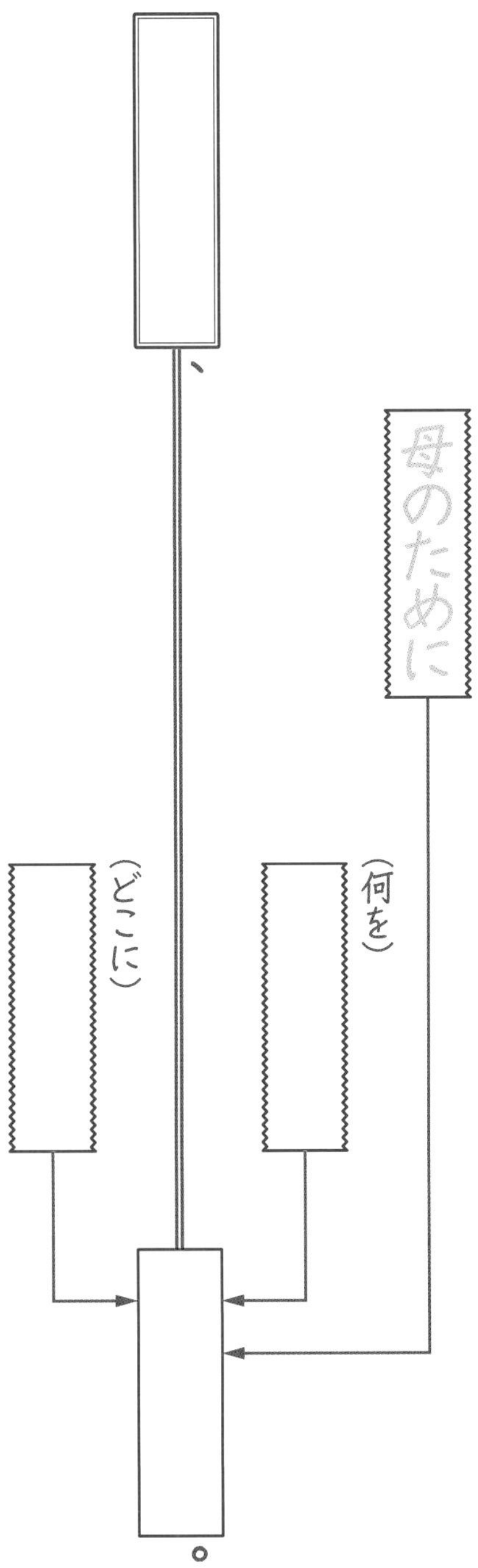

文の組み立て ①

おさらい

名前

月　日

次の『カニではない！カブトガニ』を読んで、後の問いに答えましょう。

カブトガニは、名前のとおりカブトのようなこうらでおおわれていて、体をひっくり返したときにカニのように見えることから、この名前がつけられたと言われています。

でも、「カニ」という名前はついていますが、何かふれたときに感じるしょっかくがありません。だから、カニの仲間ではなく、なんとクモの仲間に最も近いのです。

子どものときは、せなかを下にして泳ぎ回りますが、大きくなるにつれて、だんだん泳がなくなってきます。

海の浅いところにすんでいて、はいずりながら※ゴカイやアサリなどを食べています。

おどろくことにカブトガニは、約二億年前から今まで、すがたを変えずに、今でも瀬戸内海《せとないかい》や北九州で生きています。

だから、「生きている化石」と言われているのです。

※ゴカイ……ミミズのような細長い生き物。

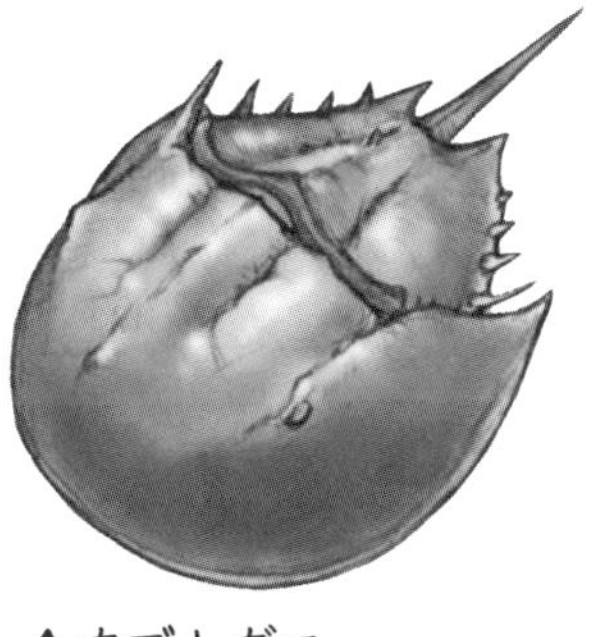

▲カブトガニ

(1) カブトガニは、何でおおわれていますか。

（　　　　　　　　）

(2) カブトガニは、体をひっくり返すと何のように見えますか。

（　　　　　　　　）

(3) カブトガニは、何の仲間に最も近いのですか。

（　　　　　　　　）の仲間

(4) 子どものときは、どんな泳ぎ方をしますか。

（　　　　　　　　）して泳ぎ回る。

(5) カブトガニは、海のどのあたりにすんでいて、何を食べていますか。

すんでいるところ（　　　　　　　　）

食べ物（　　　　　　　　）

(6) なぜ「生きている化石」と言われているのか、理由が書かれているところに〰〰を引きましょう。

文の組み立て ②

チェック

名前

月　日

1 次の『減反政策《げんたんせいさく》って?』を読んで、後の問いに答えましょう。

反《たん》とは、面積の古い単位のことで、一反は、一石《こく》のお米がとれる面積のことです。

一石は、大人が一年間に食べるお米の量の単位として、江戸《えど》時代に使われていました。一石はお茶わん二千はい分。昔の人が毎日たくさんお米を食べていたことがわかります。

でも、だんだんパンやスパゲッティを食べる人が増《ふ》え、一家族がお米を食べる量が減《へ》ってきました。

そこで、お米があまるのを防《ふせ》ぐため、作る面積を減らすことになりました。

㋐これが、一九七〇年から二〇一七年まで続いた「減反政策」です。

(1) 次の言葉を説明しましょう。
① 一反……（　　　　）がとれる面積。
② 一石……大人が（　　　　）に食べる（　　　　）の単位。

(2) 何を食べる人が増えてきたと書かれていますか。
（　　　　）・（　　　　）

(3) 文中の㋐は、どんな政策ですか。
（　　　　）を減らす政策。

2 次の『和食が無形文化遺産《いさん》に』を読んで、後の問いに答えましょう。

ユネスコ無形文化遺産に決まった和食とは何か。それは、ご飯を中心に、おしるとおかず、つけものを組み合わせた食事のことである。

はしで食べることも和食の特ちょうの一つ。先が細いから、料理を一口大《ひとくちだい》に切って、つまんで口に運ぶという細かい作業ができる。また、しる物はうつわを持って口につけて飲むから、熱くならないように木にうるしをぬったおわんが発てんした。

家族一人一人が自分のはしや、おわんを持つことは、お米を主食とするほかの国にはない㋐わが国独特《どくとく》の文化である。

(1) 和食は、何を組み合わせたものですか。四つ書きましょう。
（　　　　）（　　　　）

（　　　　）（　　　　）

(2) はしでできる細かい作業とはどんなことですか。
一口大に（　　　　）・（　　　　）・（　　　　）

(3) 文中の㋐とは、どんなことですか。
（　　　　）が、自分の（　　　　）や（　　　　）を持つこと。

文の組み立て ②

ワーク

名前

月　　日

②のように、主語と述語《じゅつご》がまとまって別の言葉をくわしくする文もあります。文全体の主語・述語が何かをとらえましょう。

① 五年生の 子どもたちは、チューリップを 花だんに 植えた。

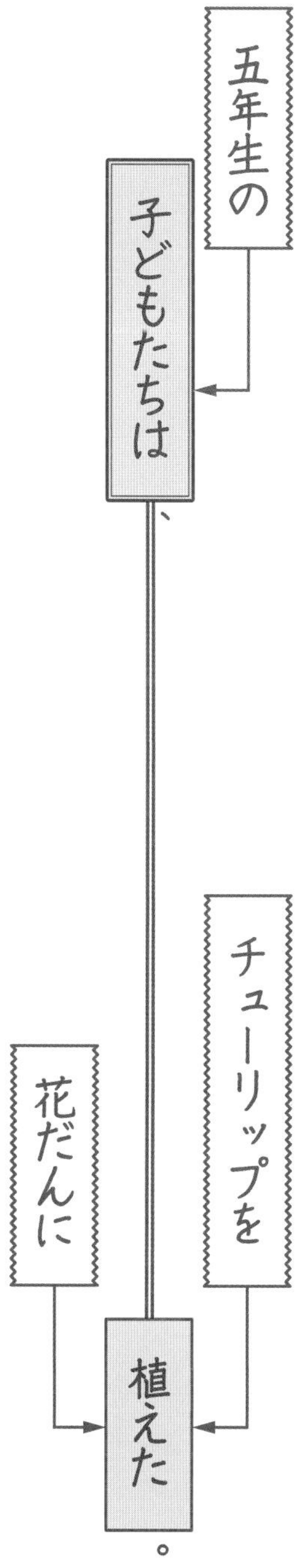

② 五年生の 子どもたちは、自分たちが育てた チューリップを 花だんに 植えた。

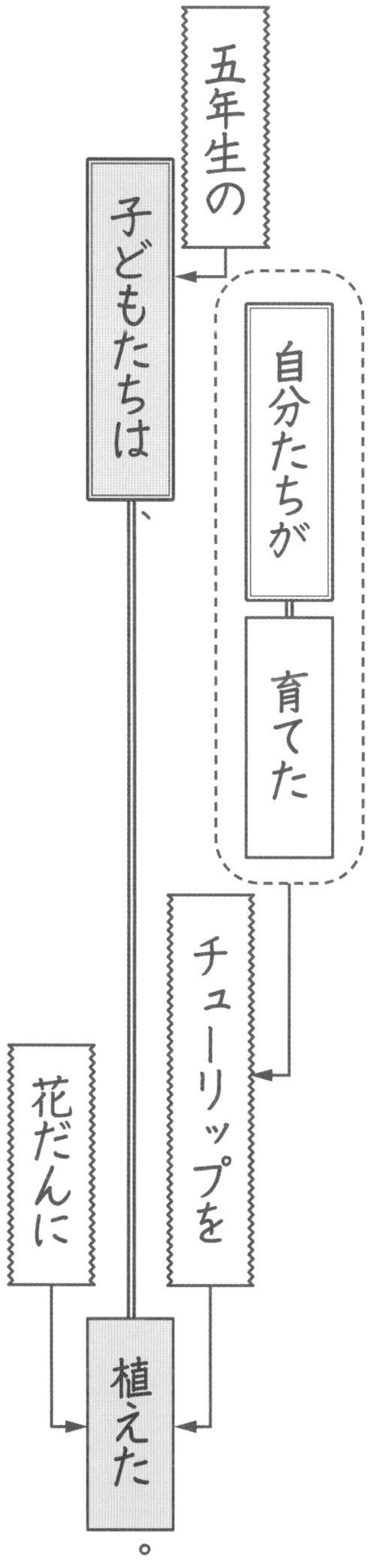

文をわかりやすく図にしたものを、文図《ぶんず》というよ。

次の文は、文図にすると㋐、㋑のどちらかの形になります。正しい方を選んで（　）に記号を書き、文図を完成させましょう。

① 熱い太陽が、甲子園《こうしえん》のグラウンドを照りつけていた。（　）

② 子どもたちは、演《えん》そう会が始まるのを静かに待っている。（　）

㋐

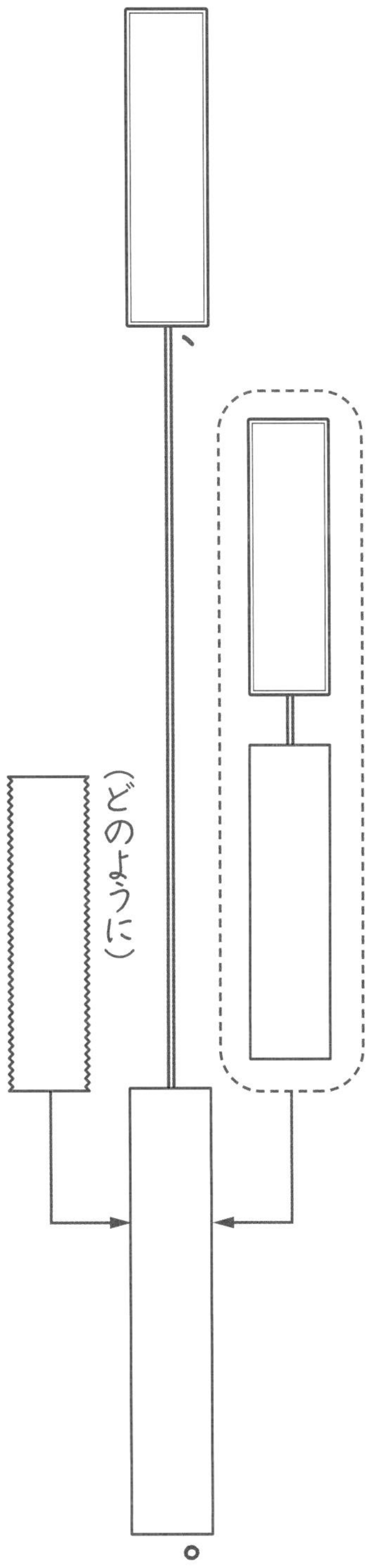

㋑

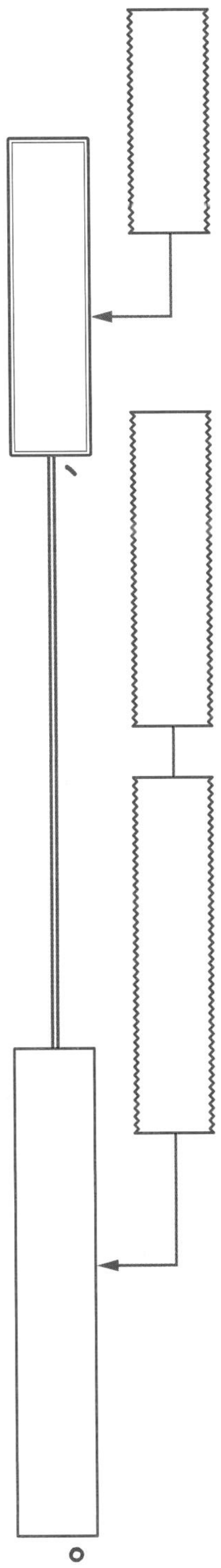

文の組み立て ②

おさらい

名前

月　日

次の『化石の王様　三葉虫《さんようちゅう》』を読んで、後の問いに答えましょう。

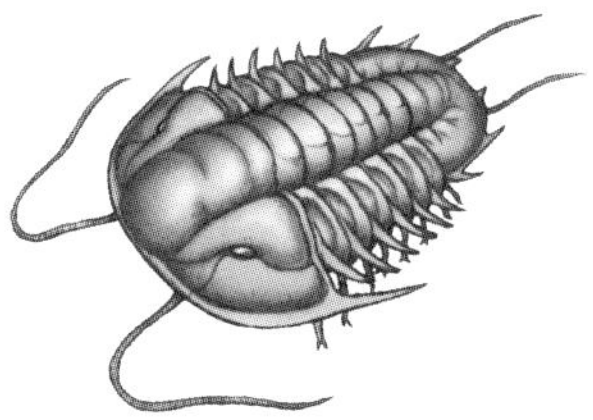

▲三葉虫

今から五億年ほど前、人類がたん生するずっと前のことです。海の中ではたくさんの生き物が生まれました。その中でも「三葉虫」という生き物が栄え、のちにたくさんの化石が発見されたため、「化石の王様」とよばれています。

では、なぜ「三葉虫」という名前がついたのでしょうか。それは、体に二つのみぞがあって、三まいの葉でできているように見えるからです。

大きさは、一センチメートルから六十センチメートルをこえるものまでかなりの差がありますが、だいたいは数センチメートルほどです。体は、かたいからでおおわれていました。三葉虫は、初めて視力《しりょく》をもった生き物とも言われています。

体の小さい三葉虫は、ダンゴムシのように体を丸めたり、平べったい体をいかして海底のどろの中にかくれたりして、てきのこうげきから㋐身を守っていました。

生き残っていくために、恐竜《きょうりゅう》のようにより大きく進化していく生き物もいますが、三葉虫は、体を大きくせず、身を守ることだけを考えてきたようです。だから、三億年という長い間、海の中で生き続けることができたのです。

(1) 五億年ほど前に、海の中で栄えていた生き物は何ですか。

（　　　　）

(2) (1)は何とよばれていますか。

（　　　　）

(3) (1)は何でできているように見えますか。

（　　　　）

(4) 文中の㋐について、どのように身を守っていたか二つ書きましょう。

（　　　　）

（　　　　）

(5) 三葉虫はどのくらい生き続けられましたか。

（　　　　）

(6) なぜ(5)のような長い間生き続けられたと書かれていますか。

（　　　　）

指示語①

チェック

名前

月　日

1 次の『和食の基本《きほん》は「だし」』を読んで、後の問いに答えましょう。

日本の和食が、二〇一三年にユネスコの無形文化遺産《いさん》にみとめられ、世界で注目されている。㋐その基本は、「だし」。㋑それは、日本独自《どくじ》の食文化だ。

だしは、コンブやかつお節、にぼしなどを水につけたり、にたてたりして取る。㋒これらの素材《そざい》から出るだしは、しぼう分や塩分は少ないわりに、味の決め手となる「うま味」が多くふくまれる。おいしくて健康にもよいのだ。

だし＝UMAMI（うま味）と認識《にんしき》されるなど、世界的な和食ブームになりつつある。

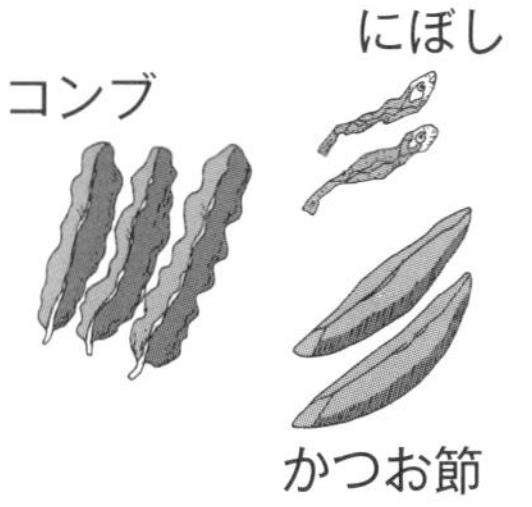

(1) 日本の和食は、何にみとめられましたか。

ユネスコの（　　　）

(2) 文中の㋐～㋒の指す言葉を書きましょう。

㋐（　　）の（　　）

㋑（　　）

㋒（　　）（　　）

(3) だしには、何が多くふくまれていますか。

（　　　）

2 次の『海にうかぶ風力発電』を読んで、後の問いに答えましょう。

周りが海に囲《かこ》まれている日本で、再生可能《さいせいかのう》エネルギーとして、洋上※1風力発電が注目されている。

㋐この発電には、海底に固定する方法と、海面にうかせる方法の二通りがある。外国の海岸ぞいは浅瀬《あさせ》※2が多いので海底に固定するが、日本の周りの海は、水深五十メートル以上の深い海が多いので、海面にうかせる方法が適《てき》している。

しかし、㋑この方法は、世界ではあまり事例がない。そのうえ、日本は台風の通り道になっているので、㋒その対策《たいさく》も必要だ。

さまざまな課題はあるものの、海外の技術《ぎじゅつ》をうまく取り入れながら、日本独自《どくじ》の開発を進めていくことが期待されている。

※1　洋上……海の上のこと。
※2　浅瀬……川や海の水が浅いところ。

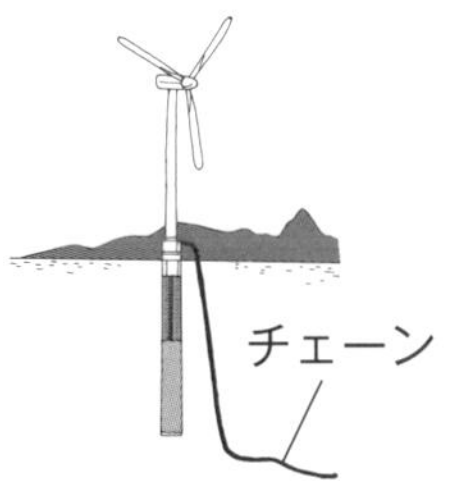

▲海面にうかせる方法

(1) 文中の㋐～㋒の指す内容《ないよう》を書きましょう。

㋐（　　　）発電

㋑ 海面に（　　　）方法

㋒（　　）の（　　）対策

(2) 外国では、どんな方法が多いのですか。

海底に（　　　）方法

(3) なぜ、日本は㋑の方法になるのですか。

日本の周りの海は、水深（　　　）の深い海が多いから。

指示語 ①

ワーク

名前

月　日

文章の中で、何度も同じ言葉を使うと読みにくいですが、指示語《しじ》を使うと文章がすっきりします。また、指示語の指す内容《ないよう》を理解《りかい》すると、文章をより正確《せいかく》に読むことができます。

① 指示語の内容をつかもう。「そこ」は、田んぼに囲まれている場所だね。

わたしは、第一小学校に通っている。

② 指示語より前の近くからさがす。前になければ、後ろをさがそう。

そこは、田んぼに囲《かこ》まれている。

③ 指示語「そこ」に、「第一小学校」をあてはめて読んでみよう。

第一小学校は、田んぼに囲まれている。

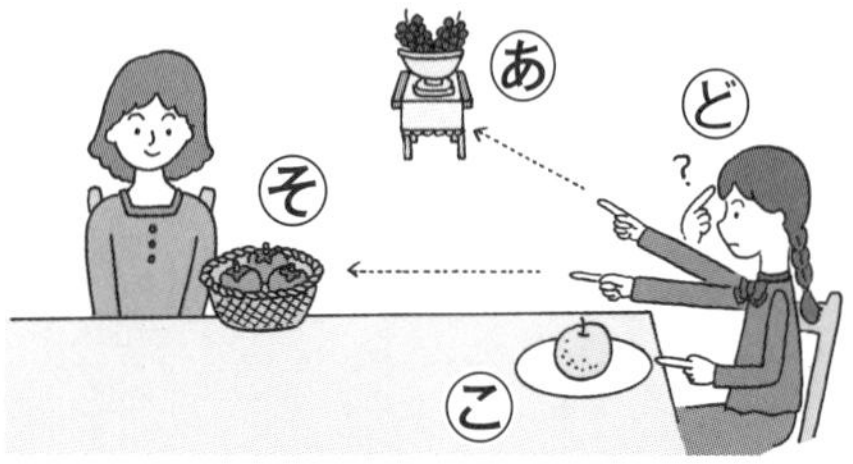

次の――の指示語が指している内容を（　）に書きましょう。

① たん生日にグローブをもらった。いつも、それを大事に使っている。

（　　）

② 友だちから、久《ひさ》しぶりに絵はがきがとどいた。それには、信州の山々がえがかれていた。

（　　）

③ わたしは、天ぷらが大好きだ。その中でも、エビが一番好きだ。

（　　の）

④ 沖縄に行ったことがある。あそこは、いつ行ってもあたたかいし、海がきれいだ。

（　　）

指示語 ①

おさらい

名前

月　日

次の『クモの巣は強いのか』を読んで、後の問いに答えましょう。

クモの巣を見たことがあるだろうか。クモの巣は、クモのおなかの先にあるイボから糸を出して作られている。クモの糸はとても細く、㋐その細さは、かみの毛の約十〜二十分の一しかない。しかもふれるとビヨンとのびるので、かんたんに破《やぶ》れそうだ。

しかし、クモの巣は、強い風がふいても、大きなえ物がかかっても、なかなかこわれない。少々破れても持ちこたえることができるのだ。

では、なぜそんなに強いのか。そのひみつは、巣を作っている糸の役わりのちがいにある。クモの巣は、㋑そのほね組を作るたて糸と、え物をとらえる横糸からできている。

たて糸は、板のようになっている部分が多いので、かわいていてかたく、じょうぶである。㋒それに対して横糸は、バネのようになっている部分が多くしめっているので、やわらかくてよくのびる。

これらの正反対の性質《せいしつ》をうまく組み合わせることで、Ⓐ重いものが落ちてきてもトランポリンのようにのびてしょうげきをきゅうしゅうする。そして、どこか一部がこわれても、そこからあなが広がって全体がこわれるということを防《ふせ》ぐようになっているのである。

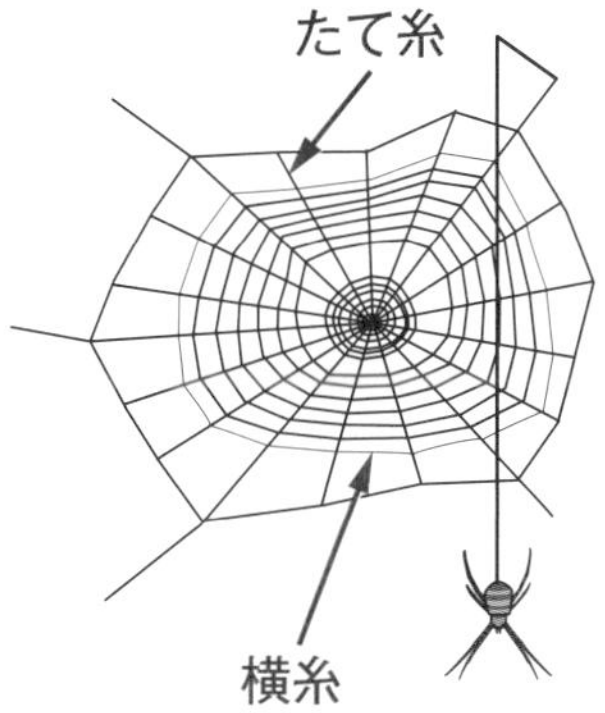

(1) クモはどこから糸を出しますか。

（　　　　）

(2) 文中の㋐〜㋒は、何を指していますか。

㋐（　　　の　　　）

㋑（　　　の　　　）

㋒（　　　　）

(3) ㋐の細さは、どれぐらいですか。

かみの毛の約（　　　　）

(4) 次の(あ)〜(え)は、たて糸と横糸のどちらですか。（　）に記号で書きましょう。

① たて糸（　）（　）

② 横糸（　）（　）

(あ) 巣のほね組をつくる糸
(い) え物をとらえる糸
(う) バネのようにやわらかい糸
(え) 板のようにかたい糸

(5) 文中のⒶのようなことができるのは、どんな性質を組み合わせているからですか。文中から三字でさがして書きましょう。

指示語 ②

チェック

名前

月　日

1 次の『肉食恐竜《きょうりゅう》も集団《しゅうだん》生活していた?』を読んで、後の問いに答えましょう。

研究チームの調査《ちょうさ》により、モンゴルのゴビさばくのある※地層《ちそう》から肉食恐竜の大きぼな巣づくり地が見つかった。㋐そこにはいくつもの巣があり、ある巣にはたまごの化石が三十個《こ》も入っていたという。

見つかった巣の半分以上で、ひながからをわって出たあとが発見された。㋑このことから、集団でたまごを守ることにより高い確率《かくりつ》でふ化に成功していたことがわかる。

このように、肉食恐竜でも、てきからたまごを守るために集団生活をしていたと考えられている。

※地層……どろやすな、火山灰《ばい》などが積み重なって層になったもの。

▲巣づくり地でたまごを育てる恐竜（イメージ）

(1) 文中の㋐は、何を指していますか。

肉食恐竜の（　　　　）

(2) 文中の㋑は、どんなことを指していますか。

見つかった巣の（　　　　）で、（　　　　）が発見されたこと。

(3) 文章をまとめるときに使う言葉を、文中からさがして五字で書きましょう。

□□□□□

2 次の『地球温だん化と米』を読んで、後の問いに答えましょう。

地球温だん化が米の品質《ひんしつ》低下を招《まね》いている。㋐これは、夏の日照りの時期に昼夜を問わず高温が続くことによる「高温障害《しょうがい》」が主な原因《げんいん》らしい。

ほが出て、米にでんぷんがたまる大事な時期である夏に高温が続くと、白くにごった米やひびわれた米が増《ふ》える。㋑そうなると、米の評価《ひょうか》が下がってしまう。これまで気温の高い西日本を中心に問題とされてきたが、近年では全国的な問題となっている。

そこで、品種改良して、高温に強い「にこまる」や「つやひめ」などが登場してきた。㋒これらに代表されるブランド米が、日本各地で多数登場している。

農家の人々はかん境《きょう》の変化にも負けずくふうをこらし、品種改良にはげんでいるのである。

(1) 文中の㋐は、何を指していますか。

米の（　　　　）

(2) 文中の㋑は、どうなることですか。

（　　　　）や（　　　　）が増えること。

(3) 文中の㋒は、何を指していますか。

（　　　　）（　　　　）

指示語 ② ワーク

名前

月　日

指示語《しじ》の指す内容《ないよう》は、次のような場合もあります。

㋐ 指示語より後ろにくる場合

先生は、運動場でみんなと遊んだ後、あせをぬぐいながら教室に入ると、急にこんなことを言った。「明日から、運動会の練習を始める。」

㋑ 言葉だけでなく、文全体を指す場合

クモの巣のたて糸は、板のようになっている部分が多く、強くてかたい。横糸は、バネのようになっている部分が多くしめっているので、やわらかくてのびやすい。

→ このように、正反対の性質《せいしつ》を持ちあわせていることが、クモの巣の強さのひみつだ。

次の文の――の指示語が指す内容を書きましょう。

① ジャングルジムの一番上がお気に入りだ。そこまで、一気に上がっていく。

そこ……（　　　　）

② さっき、母がおかしを持って来てくれたが、友達と電話していてそれに気付かなかった。

それ……（　　　　こと。）

③ 東日本大震災《しんさい》で発生したがれきは、二千万トン以上あった。この大量のがれきをどうするか。これが、大きな課題だ。

㋐ これ……（この大量のがれきをどうするかということ。）

㋑ さらに「この」の内容も書くと、

（　　　　）で発生した（　　　　）をどうするかということ。

「これ」「それ」「あれ」「どれ」を聞かれているときは、文末が「こと」で終わるようにね。

指示語の内容の中にさらに指示語があるときは、その内容も書こう！

指示語 ②

おさらい

名前　　　　月　　日

次の『レンコンのあなは何のため？』を読んで、後の問いに答えましょう。

レンコンは、あながあいていることから、「しょう来の見通しが良い」とされ、お正月のおせち料理にも使われている。

では、㋐そのあなは、何のためにあいているのだろうか。

レンコンは漢字で、ハス（蓮）の根と書いて「蓮根」だが、根ではなく「地中のくき」が大きくなったものだ。

レンコンは水深いどろの中で育つ。㋑そこでは、空気にふれることができない。そのため、空気の通り道が必要になる。人間でいうと、鼻や口からすった空気がはいへとつながるための空気の通り道のようなもの。それが、あのあななのだ。あなは、地上に出ている葉にも続いていて、葉から取り入れた空気を地中のレンコンまで送りこむのである。

また、レンコンとレンコンのつなぎ目を切ってみると、㋒そこにも小さなあながたくさんあいていて、すみずみまで空気がいきわたるようになっている。

㋓このように、レンコンのあなは、成長に必要な空気を葉から地中まで取りこむための通り道となっているのだ。

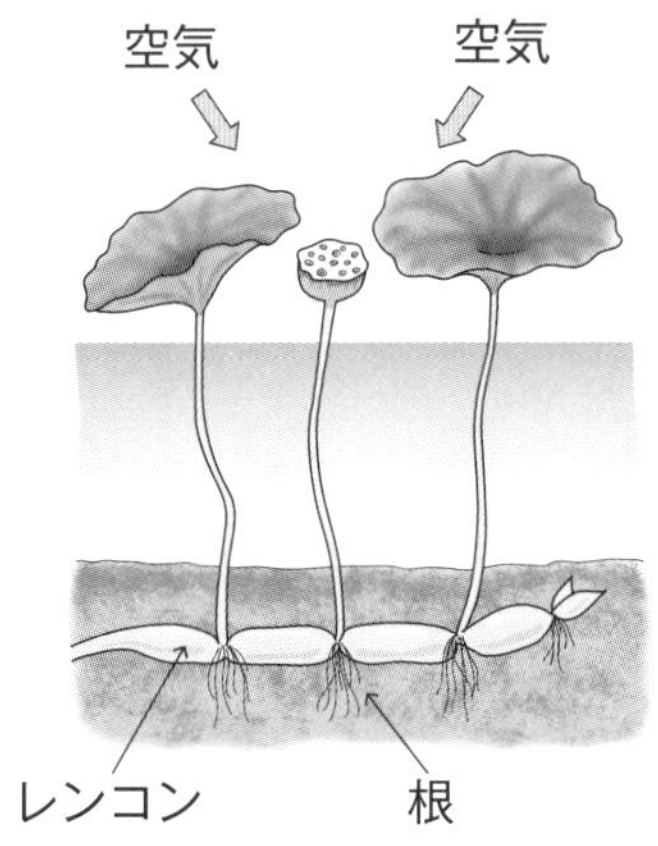

(1) レンコンがお正月のおせち料理に使われるのはなぜですか。

あながあいているので、（　　　）の（　　　）とされているから。

(2) レンコンは、ハスのどの部分ですか。

（　　　）

(3) レンコンのあなは、どこまで続いていますか。

（　　　）

(4) 文中の㋐～㋒は、何を指していますか。

㋐（　　　の）

㋑（　　　）

㋒（　　　）

(5) 文中の㋓が指している内容《ないよう》の初めと終わりの六字を書きましょう（句読点《くとうてん》もふくむ）。

初め……□□□□□□

終わり……□□□□□□

(6) レンコンのあなには、どんな役わりがありますか。文中からさがして、六字で書きましょう。

□□□□□□（の）

❶

次の『甲子園浜《こうしえんはま》近くのひがた』を読んで、後の問いに答えましょう。

兵庫県にある甲子園球場のそばの道を南に歩きます。すると、ヨットなどでにぎわうすなはまの海岸に出ます。

昭和三十五年（一九六〇年）ごろまでは「浜甲子園海水浴場」として、とてもにぎわったところでした。

しかし、今では、海底にヘドロが積もっていて、水もよごれています。それで、今は泳ぐことができないのです。

でも、このすなはまにはひがたがあります。ひがたには、貝や魚、鳥のエサのもとがたくさんあります。だから、海でくらす生物にとって大事な場所なのです。

(1) 文章の中の接続《せつぞく》語五つに〰〰を引きましょう。

(2) (1)の接続語を「順接《じゅんせつ》」か「逆接《ぎゃくせつ》」に分けて、表を完成させましょう。

順接	逆接

＊順接……前文が、後文の理由や原因《げんいん》になっている。
逆接……前文の逆（反対）が、後文にくる。

❷

次の『塩を食べるゾウ』を読んで、後の問いに答えましょう。

動物園の人気者のゾウは、肉を一切食べない。

㋐、陸上で一番体の大きい動物だ。

では、どうしてあんなに大きくなれるのだろうか。ゾウは、葉っぱや木の皮をよく食べる。それらには、セルロースというせんいがふくまれている。これを、ゾウの体内にすんでいるび生物が分解《ぶんかい》することで、体の成長に必要なたんぱく質《しつ》が作られるのだ。

さらに分解を助けるために、動物園では、ゾウのエサの中に塩を混《ま》ぜてあたえている。㋑、たんぱく質を作るび生物は、塩が大好きだからだ。

(1) 陸上で一番体の大きな動物は何ですか。

（　　　　）

(2) 文中の㋐、㋑にあてはまる接続語を［　］から選んで書きましょう。

［なぜなら　そのため　それでも］

㋐（　　　　）　㋑（　　　　）

(3) ゾウの体内にすんでいるび生物は、セルロースを分解して何を作りますか。

（　　　　）

接続語①　ワーク

名前

月　日

接続語《せつぞく》は文と文をつなぐ言葉です。接続語を使うと、文と文の関係がはっきりします。

㋐ 順接 … 前の文が、後の文の理由や原因《げんいん》を表すとき。
（「だから」「それで」「そこで」「すると」など）

㋑ 逆接《ぎゃくせつ》 … 前の文と反対になるような文が後にくるとき。
（「しかし」「けれども」「ところが」「だが」など）

㋒ 理由 … 前のことがらの理由を説明するとき。
（「なぜなら」「〜というのは」など）

㋐ 今、雨がふっています。[だから]、遠足は中止です。
㋑ 遠足は中止です。[けれども]、来週晴れたら行きます。
㋒ 遠足は中止です。[なぜなら]、雨がふっているからです。

1 次の（　）にあてはまる接続語を[　]から選んで書きましょう。

① テストの勉強を夜おそくまでした。（　　）、テストに合格《ごうかく》した。

② おかしいと思った。（　　）、何も言えなかった。

③ 友達と図書館に行った。（　　）、友達と調べ物をする約束をしていたからだ。

[なぜなら　けれども　だから]

2 次の接続語の後にくる文で、正しい方に○をつけましょう。

① 負けた原因がわかった。[そこで]、
㋐（　）練習方法を変えた。
㋑（　）練習方法は今まで通りにした。

② 地熱発電が注目されている。[なぜなら]、
㋐（　）その発電の熱源《ねつげん》はどこにもなかった。
㋑（　）地球自体が熱源で無限《むげん》にあるからだ。

③ 演《えん》そう会の始まる時こくになった。[だが]、
㋐（　）もう始まっている。
㋑（　）まだ始まらない。

接続語 ①　おさらい

名前

月　日

次の『うずまきのからを持つアンモナイト』を読んで、後の問いに答えましょう。

化石の中で有名なものの一つに、うずまきのからを持っているアンモナイトがあります。

化石を見ると、貝の仲間に見えますがⒶ、やわらかい体を持っているのでⒷ、イカやタコの仲間です。

からの中は、たくさんの部屋に分かれていて、一番外側の部屋にだけ体のやわらかい部分が入っています。そのほかは、空《から》っぽなのです。そして、体が大きくなっていくにしたがって、部屋が一つずつふえていくのです。

アンモナイトは、泳ぎはあまり上手ではありませんでした。［ア］、空になった部屋に空気や海水をためて、ういたりしずんだりするだけで、すいこんだ海水をふき出すことでしか進めなかったからです。［イ］、首長竜《くびながりゅう》やサメなどのエサになっていたようです。［ウ］、恐竜《きょうりゅう》のおよそ二倍、三億年以上も生きたと言われています。

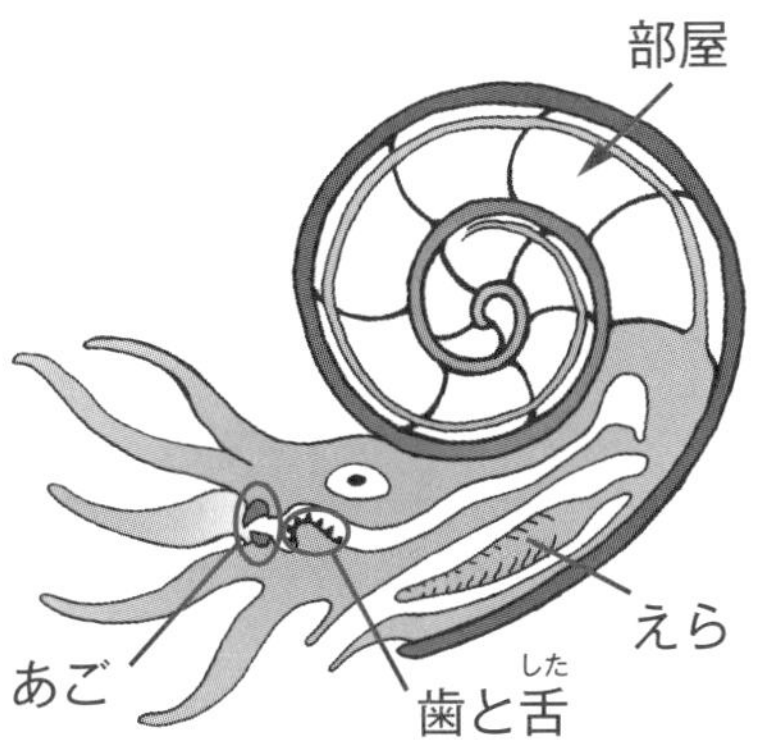

▲アンモナイトの体の内部

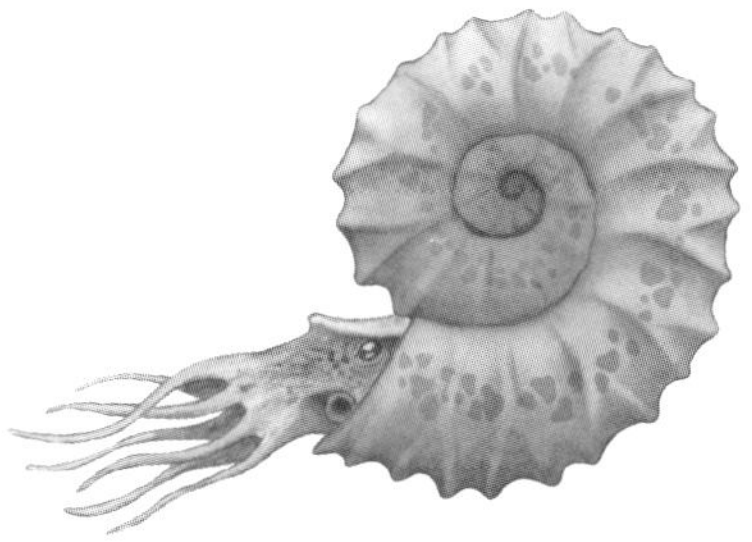
▲アンモナイト

(1) 文中のがⒶ・のでⒷは、「しかし」と「だから」のどちらと同じ使い方ですか。

Ⓐ（　　　　）　Ⓑ（　　　　）

(2) アンモナイトは、何の仲間ですか。

（　　　　）の仲間

(3) 体のやわらかい部分は、からの中のどの部屋に入っていますか。

（　　　　）部屋

(4) 文中のア～ウにあてはまる接続《せつぞく》語を［　］から選んで書きましょう。

ア（　　　　）　イ（　　　　）

ウ（　　　　）

［それでも　だから　なぜなら］

(5) アンモナイトはどのようにして、ういたり、しずんだりしていましたか。

（　　　　）になった部屋に、

（　　　　）や（　　　　）をためる。

接続語②

チェック

名前

月　日

1 次の『東京スカイツリーの高さ』を読んで、後の問いに答えましょう。

二〇一二年五月に開業した東京スカイツリーの高さは六百三十四メートル。

それまでの世界一は、中国の広州《こうしゅう》タワーの六百メートルだったので、世界一を目指して、より高くした。

［㋐］、二〇一一年十一月にギネス世界記録に登録された。

［㋑］、なぜ六百三十四メートルになったのか。それは、東京やその周辺が、昔「むさしの国」とよばれていたことに由来している。「むさし」を数字にすると、「634」。［㋒］、ごろあわせなのだ。

(1) 文中の㋐～㋒にあてはまる接続語《せつぞく》を［　］から選んで書きましょう。

㋐（　　　）　㋑（　　　）

㋒（　　　）

つまり　では　そして

(2) なぜ、東京スカイツリーの高さは、六百三十四メートルになったのですか。

（　　　）やその周辺が、昔（　　　）の国とよばれていたから。

2 次の『きれいでエコな江戸《えど》の町』を読んで、後の問いに答えましょう。

昔、江戸※1の町には、共同の上水井戸《じょうすいいど》※2があり、水道料金をはらって上水をくみ上げていた。

くみ上げた上水は料理などに使うが、米のとぎじるはすてずにそうじにも使い、その残りも水やりに使っていたという。

［㋐］、一度くみ上げた水は、とことん使っていたのだ。

［㋑］、ふんにょうも大事なひ料として、農家に売っていた。いわば究極のリサイクルだ。

江戸は、水を大切に使い、ふんにょうまでもリサイクルすることで、「世界一きれいでエコな町」だったのである。

※1　江戸……東京の昔の名前。
※2　上水……ここでは、きれいな飲み水をさす。

▲江戸の町（イメージ）

(1) 上水は、どのように使われていましたか。

米のとぎじる↓（　　　）↓（　　　）

(2) 文中の㋐、㋑にあてはまる接続語を［　］から選んで書きましょう。

㋐（　　　）　㋑（　　　）

つまり　そのうえ　たとえば

(3) なぜ「世界一きれいでエコな町」と言えるのですか。

（　　　）を大切に使い、（　　　）までもリサイクルしていたから。

接続語②

ワーク

名前

月　日

接続《せつぞく》語は文と文をつなぐ言葉です。接続語を使うと、文と文の関係がはっきりします。

㋐ 言いかえ……前のことがらをまとめたり、ちがう言葉で言いかえたりするとき。
（「つまり」「すなわち」「要するに」など）

㋑ たとえ……前のことがらについて、具体的に例を挙げたり、たとえたりするとき。
（「たとえば」「いわば」など）

㋒ 切りかえ……前のことがらとは別のことがらに話題を変えるとき。
（「では」「それでは」「ところで」「さて」など）

㋓ つけ加え……前のことがらに、つけ加えて何か言うとき。
（「そして」「そのうえ」「さらに」「また」など）

㋔ 選たく……前のことがらと後のことがらのどちらかを選ぶとき。
（「それとも」「または」「あるいは」「もしくは」など）

次の文を読み、接続語の正しい方を○でかこみましょう。

① 姉は、ケーキもアイスクリームもおまんじゅうも好きです。{たとえば／つまり}、あまいものなら何でも好きなのです。

② 東京スカイツリーは、六百三十四メートルで世界一の高さだ。{そのうえ／では}、どうして六百三十四メートルになったのか。

③ 地熱発電は、地球そのものが熱源《ねつげん》で、{そのうえ／それとも}、石油などの燃料《ねんりょう》も使わない。

④ きみの好きな教科は体育ですか、{それとも／だから}、音楽ですか。

⑤ 九州地方では、楽しい名前の列車がたくさん走っています。{しかし／たとえば}、「あそぼーい！」や「おれんじ食堂《しょくどう》」などです。

接続語②

おさらい

名前

月　日

次の『マンデラさんのにじの考え方』を読んで、後の問いに答えましょう。

二〇一三年に、九十五さいでなくなったマンデラさんは、四十四さいのとき、南アフリカの「白人と黒人がいっしょに生活してはいけない」という差別的な政策《せいさく》に反対して、二十七年間もとらえられていた。

出所《しゅっしょ》後も思いは変わらず、当時のデクラーク大統領《だいとうりょう》と協力して差別をなくすことに力をつくした。［ア］一九九四年、黒人初の大統領になる。［イ］、自分を苦しめてきた白人に対する報復《ほうふく》※はしなかった。［ウ］、白人による黒人支配《しはい》にも、黒人による白人支配にも反対だったからだ。

［エ］かれは、はだの色に関係なく、だれもが大切にされ、平和にくらせる「にじ色の国づくり」を目指していたのだ。それが、黒・黄・緑・赤・青・白からなるこの国の旗にも表れている。

▲南アフリカ共和国の国旗

［オ］、子どもをいかに育てていくかが社会にとって最も重要だと考え、一九九五年、「マンデラ児童基金《ききん》」もつくった。

このような功績《こうせき》をたたえ、七月十八日は「ネルソン・マンデラ国際《こくさい》デー」に制定《せいてい》されている。

※報復……仕返しをすること。

(1) マンデラさんは、何に反対していましたか。

（　　　）と（　　　）がいっしょに生活をしてはいけないこと。

(2) 文中のア〜オにあてはまる接続語《せつぞく》を［　］から選んで書きましょう。

ア（　　　）　イ（　　　）
ウ（　　　）　エ（　　　）
オ（　　　）

なぜなら　さらに　つまり
そして　しかし

(3) マンデラさんはどんな国を目指していましたか。

（　　　）に関係なく、だれもが（　　　）にされ、（　　　）にくらせる国。

(4) (3)の考え方を言いかえている言葉を文中からさがして八字で書きましょう。

□□□□□□□□

(5) マンデラ児童基金がつくられたのはなぜだと書かれていますか。

（　　　　　　　　　　と考えたから。）

名前　　　月　　日

1 次の『お皿で字の練習!?』を読んで、後の問いに答えましょう。

ひらがなの練習をしていたとみられる土器が、二〇一二年、京都府で発見された。八六七年前後のものとみられ、これまで見つかったもので最も古いとされている。お皿のようなものなどに書かれていたそうだ。

今だったら、家にあるお皿に字の練習をしている人がいれば、びっくりするだろう。しかし、昔は今とちがって、紙は土器よりもとても高《こう》価《か》だった。だから、昔の人は土器に字の練習をしていたのかもしれない。

▲ひらがなが書かれた土器

(1) 何が発見されましたか。

（　　　　）をしていたとみられる（　　　　）

(2) (1)は、いつ、どこで発見されましたか。

① いつ（　　　　）

② どこで（　　　　）

(3) なぜ、土器に字の練習をしていたのですか。

昔は、（　　　　）よりも（　　　　）の方が高価だったから。

2 次の『昔の人の食事情《じじょう》?』を読んで、後の問いに答えましょう。

人間や動物の体は、食べた物によってつくられる。

では、昔の人は、何を食べていたのだろう。それを調べるために、㋐長野県のある遺跡《いせき》で発くつされた人のほねを調べた。ほねを見れば、大体どの時代の人のものかがわかる。

この調《ちょう》査《さ》まで、この時代の人々は不安定なしゅりょう生活ではなく、安定した農耕《のうこう》生活をしていたのではないかと考えられていた。

しかし、発くつされた人のほねの成分は、シカなどの草食動物より、肉食性《せい》の強いキツネなどに近かった。

このことから、この時代の人々は、農耕生活よりも、まだしゅりょう中心の生活をしていたことがわかった。

(1) 人間や動物の体は、何によってつくられますか。

（　　　　）

(2) 文中の㋐ではどんな生活が営《いとな》まれていたと考えられていましたか。調《ちょう》査《さ》前と調査後でそれぞれ書きましょう。

調査前……（　　　　）生活

調査後……（　　　　）生活

(3) なぜ、(2)のことがわかったのですか。

ほねの成分が、（　　　　）の強い（　　　　）などに近かったから。

理由の読み取り

ワーク

名前

月　日

理由を読み取るときは、次の三つに注意しましょう。

① 接続語《せつぞく》……かぜをひいた。（理由）　だから、病院へ行く。（結果）
（「そのため」「そこで」など）
病院へ行った。（結果）　なぜなら、かぜをひいたからだ。（理由）

② 指示語《しじ》……ぼくはとても虫にくわしい。（理由）　このことから、虫博士《はかせ》とよばれている。（結果）

③ 文末表現《ひょうげん》……毎朝、フルーツを食べている。（結果）　おいしくて、栄養たっぷりだからだ。（理由）
（「〜からだ。」「〜ためである。」「〜わけである。」など）

※熱のため、休みます。のように、文のとちゅうで使うこともあります。

「理由」は、「原因《げんいん》」や「根きょ」とも言われるよ。

1 次の（　）にあてはまる接続語を、□から選んで書きましょう。

① わたしは、イチゴも、バナナも、リンゴも好きです。（　　）、くだものなら、何でも好きだということです。

② ぼくは、電車のことなら何でも知っている。（　　）、小さいときから、ずっと電車の図かんを見ていたからだ。

なぜなら　つまり　だから　しかし

2 次の文の＝＝に注意して、理由にあたるところに——を引きましょう。

① 食事を作る時間がないので、冷とう食品を買ってきた。

② まどを開けるのは、部屋の空気をきれいにするためだ。

③ 毎朝、友達と走っている。次のマラソン大会が、いっしょに走る最後なのだ。

理由の読み取り

おさらい

名前

月　日

次の『本番で自分の力を出すために』を読んで、後の問いに答えましょう

「こんなはずではなかった。本当なら、もっとできたのに。」そう思ったことはありませんか。

自分の持っている力をうまく出すためには、「心」と「脳《のう》」の関係を知ることが大切です。

心のトレーニングは、一九五〇年代、ヨーロッパのある国が宇宙《うちゅう》飛行士《ひこうし》の不安を取りのぞくために取り入れたのが始まりと言われています。

まず、個人《こじん》の能力《のうりょく》を調べ、そこから目標を設定《せってい》します。このとき、Ⓐいきなり高い目標を設定しないようにします。

㋐ 脳は、一度できないと思うと、それが脳全体に広がってしまい、自分を守るために、できない理由をさがし始めるからです。

㋑ 、自分のできそうな目標を一つずつ着実にやりとげて、自信をつけてプラス思考を高めることが大事なのです。

できる自分を思いうかべながら、おなかでゆっくりこきゅうをして、気持ちを落ち着かせます。

こうして集中力を高めると、本番でもリラックスして、自分の力を出せるようになります。

(1) 自分の持っている力を出すためには、何を知ることが大切ですか。

（　　　　）と（　　　　）の関係

(2) 文中の㋐、㋑にあてはまる接続《せつぞく》語を［　］から選んで書きましょう。

つまり　だから　なぜなら

㋐（　　　　）　㋑（　　　　）

(3) 文中のⒶの理由を書きましょう。

脳は、

（　　　　　　　　　　　　）から。

(4) 本番でもリラックスするために、どんな方法がしょうかいされていますか。

（　　　　）を思いうかべながら、（　　　　）でゆっくりこきゅうをして、気持ちを落ち着かせる。

だん落のまとめと小見出し

チェック

名前

月　日

1 次の『近代製鉄《せいてつ》の始まりの地』を読んで、後の問いに答えましょう。

① 日本の近代製鉄の始まりは、一九〇一年そう業の北九州市の八幡《※やはた》製鉄所と言われている。しかし、その五十年ほど前に、ある場所で良質《りょうしつ》の鉄こう石から鉄を取り出すことに成功していた。岩手県の釜石《かまいし》市である。

② そして、八幡製鉄所ができたとき、釜石から職人《しょくにん》や技師《ぎし》がはけんされ、その製鉄技術《ぎじゅつ》が受けつがれていったのだ。

③ ㋐釜石で鉄を取り出すことに成功した一八五七年十二月一日（旧《きゅう》れき）は、今では「鉄の記念日」になっている。

※現在《げんざい》は日本製鉄九州製鉄所八幡地区。

(1) 近代製鉄の始まりはどこだと言われていますか。

（北九州市の　　　）

(2) 文中の㋐は、今では何の日になっていますか。

□□□□

(3) ①のだん落を短くまとめて、だん落に題名をつけます。（　）にあてはまる言葉を文中からさがして書きましょう。

『（　　）の始まりは（　　）から』

2 次の『ツバメで天気の予想？』読んで、後の問いに答えましょう。

① 昔から、人々は空を飛び回るツバメをながめて天気を予想していた。たとえば、ツバメが低く飛べば雨ふりが近く、高く飛べば晴れの日が続く、というように。

② では、なぜそのように予想できたのか。それは、ツバメのエサとなる虫たちの動きが、天気や気温によって変わるからだ。雨が近づくとしっ気《け》が多くなるため、虫の羽に水分がつき、体が重くなって低く飛ぶようになる。だから、それを追うツバメも低く飛ぶのである。

③ かさを持って行くか迷《まよ》ったら、ツバメの飛ぶようすを見て決めてもいいかもしれない。

(1) 人々は何をながめて天気を予想していましたか。

□□□

(2) なぜ①のように予想できるのですか。

（　　）が近づくと、ツバメのエサとなる虫たちが（　　）飛ぶので、ツバメも（　　）飛ぶから。

(3) ①のだん落を短くまとめて、だん落に題名をつけます。□にあてはまる言葉を文中からさがして書きましょう。

『□□□をながめて□□□□』

だん落のまとめと小見出し

ワーク

名前

月　日

だん落のまとめ方と小見出し

① だん落の中心となる文を見つける。

② ①の文の主語・述語《じゅつご》と大事な修飾《しゅうしょく》語をさがしてまとめる。
ほかに、何度も出てくる言葉など大事な言葉があれば、あわせてまとめる。

⇦

だん落のまとめを題名らしくすると、「小見出し」になる。

1 次の文章を読んで、下の問いに答えましょう。

イネは、もともと気温の高い地方の植物だ。寒さには強くないのである。だから、北海道の米作りは、冷害とのたたかいだった。

① 〜〜〜はこのだん落の中心となる文です。この文の主語と述語を書きましょう。

［　　　］―［　　　］。

② ①をもとに、小見出しを書きましょう。

（　　　）とたたかってきた北海道米

2 次の文章を読んで、下の問いに答えましょう。

北海道でも何とかして米を作りたい。そんな思いで、「赤毛」という品種の種もみを取りよせた。ふろのお湯で温めるなどくふうを重ね、ついにしゅうかくに成功した。この「赤毛」が北海道の米作りを変えたのだ。

① 〜〜〜はこのだん落の中心となる文です。この文の主語と述語を書きましょう。

［　　　］―［　　　］。

② ①をもとに、小見出しを書きましょう。

［　　　］

3 次の文章を読んで、下の問いに答えましょう。

植物の発芽には、三つの条件《じょうけん》がある。その一つは、温度だ。あたたかい温度にすると早く発芽すると言われている。しかし、さらに発芽に大事なのは、昼はあたたかく、夜は冷えるという温度変化だ。

① 中心となる文に〜〜〜を引きましょう。

② ①の文の主語と述語を書きましょう。

［　　　］―［　　　］。

③ ②をもとに、小見出しを書きましょう。

［　　　］

だん落のまとめと小見出し

おさらい

名前

月　日

次の『子育てをほかの魚にまかせる魚』を読んで、後の問いに答えましょう。

①カッコウは、自分のたまごを、モズなどほかの鳥に育ててもらいます。

②Ⓐこれと同じようなことをする魚がいることがわかってきました。名前はカッコウナマズで、シクリッドに子育てをしてもらいます。

③シクリッドのメスは、たまごを産み落とすと、すぐにそれを口の中に入れて子育てを始めます。この口の中に入れるまでのほんのわずかな間に、カッコウナマズはたまごを産んで、その中にまぎれこませるのです。

④もし、このときに見つかったら、こうげきされ、追い返されます。でも、うまくまぎれこませたら、後はシクリッドのメスが、そのたまごも自分のたまごだと思って、せっせと口の中で子育てを始めてくれるのです。

⑤そして、口の中では、カッコウナマズのたまごの方が先に産まれるので、後から出てきたシクリッドを食べていくのです。

⑥シクリッドの親は、形が全然ちがっても、自分の口の中で育ったものは、自分の子どもだと思って子育てをするのです。

⑦こうして、カッコウナマズの子どもはある程度《ていど》の大きさまで育つと、シクリッドの口から出ていきます。

▲シクリッド

▲カッコウナマズ

(1) 文中のⒶはどんなことですか。

（　　　）の（　　　）を、ほかの

親に（　　　）こと。

(2) (1)について、子育てしてもらう魚と子育てする魚の名前を書きましょう。

子育てしてもらう……（　　　）

子育てする　　　……（　　　）

(3) 次のア～ウの絵にあうだん落の番号と、その小見出しを考えて書きましょう。

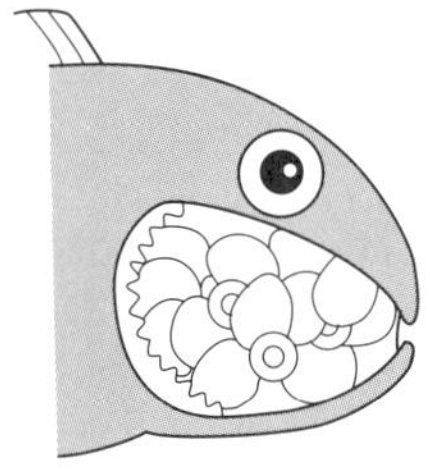

ア（③）

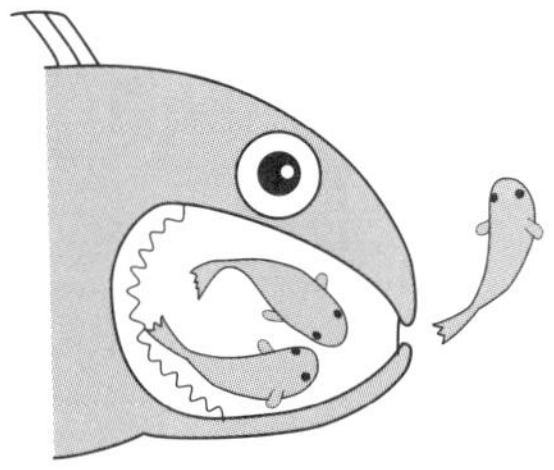

イ（　）

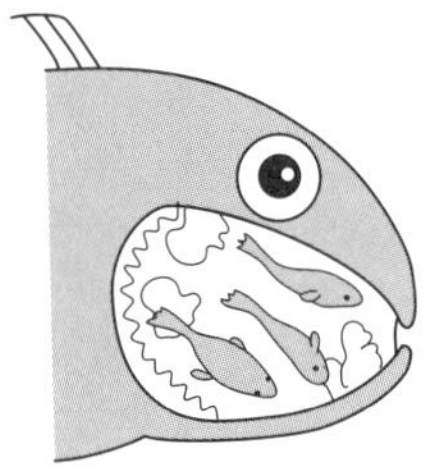

ウ（　）

文章の要約

チェック

名前

月　日

1 次の『日本一美しいダム』を読んで、後の問いに答えましょう。

① 九州の大分県に白水《はくすい》ダムがある。この土地は高台にあるので、昔から水不足になりやすく、農作物のひ害が出ていた。だから、農業用水のためのダムを造る必要があった。

② しかし、この地は地ばんが弱く、ダムから落ちる水の勢《いきお》いを弱くしなければならなかった。

③ そこで考え出したのが、水が流れ落ちるしゃ面を、目のあらい石で積み上げることであった。すると、ダムからあふれ出る水があわ立ち、曲線をえがいてゆるやかに落ちるようになった。

④ 落ちていく水がつくるあわのもようは水のカーテンのような美しさで、「日本一美しいダム」とも言われている。

● （　）にあてはまる言葉を書いて、①～④のだん落をまとめましょう。

① （　　　　）が必要だ。

② ダムから（　　　　）を弱めよう。

③ ダムから（　　　　）水が（　　　　）に落ちるようになった。

④ （　　　　）のような「（　　　　）」になった。

2 次の文章を読んで、後の問いに答えましょう。

森林を豊《ゆた》かにするために木を植えても、手入れをしなければ、森の木々がかれたりたおれたりして、土しゃくずれなどが起きやすくなる。それを防《ふせ》ぐために間《かん》ばつなどの手入れが必要㋐だが、間ばつ材は売っても安いことが多く、山林に放置されたり、間ばつ自体をやめてしまったりしてしまう。

このような悪じゅんかんを改ぜんする取り組み㋑として、間ばつ材で家具やバスの待合室、ベンチを作ったり、間ばつ材を使った製品《せいひん》に「間ばつ材マーク」をつけたりしている。

このように、森づくり活動の「見える化」が進んでいくことが期待される。

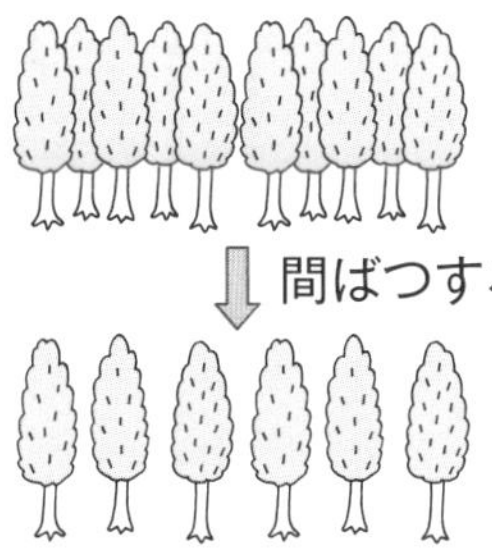

(1) 文中の㋐の理由として、どんなことが書かれていますか。

（　　　　）

(2) ㋑として、間ばつ材で何を作っていますか。

・（　　　　）

・バスの（　　　　）や（　　　　）

(3) この文章の題名を考えて書きましょう。

（　　　　）

文章の要約

ワーク

名前

月　日

文章の要約の仕方

① 各だん落の中心となる文をさがす。
② ①の文の主語と述語《じゅつ》、大事な修飾語《しゅうしょくご》を見つけてまとめる。
③ 各だん落の内容《ないよう》をつなげて、短くまとめる。

要約すると、文章全体の大体の内容がわかるね。

1 次の『か゚は、なぜ血をすうの？』を読み、下の（　）にあてはまる言葉を書いて各だん落をまとめましょう。

① あたたかい季節になると、ブ〜ンと飛んできて、人の血をすうか。さされるととてもかゆい。では、なぜかは、血をすうのだろう。

② 実はかは、ふだんは花のみつなどをすってくらしている。ところが、産らんの時期になると血をすいにくるのだ。

③ 血にはかがたまごを産むために必要な栄養がたくさん入っている。その栄養たっぷりな血をすうことで、かの体内のたまごを産む機《き》能《のう》が発達するのだ。

④ オスはたまごを産まないので、血をすう必要がない。だから、実は血をすっているのはメスだけなのだ。

① なぜ（　　　　）は、血をすうのか。

② かは（　　　　）の時期になると血をすう。

③ 血には産らんのために必要な（　　　　）がふくまれている。

④ 血をすっているかは（　　　　）だけだ。

2 **1**の（　）の言葉を使って、文章全体のまとめを書きましょう。

文章の要約

おさらい

名前

月　日

次の『決まった時こくに鳴くセミ』を読んで、後の問いに答えましょう。

① 夏になると聞こえてくる、セミの大合唱。種類によって鳴く時こくは決まっているようだ。とはいえ、クマゼミは午前中、アブラゼミは朝方と午後、という具合で、何時何分とはっきりと決まっているわけではない。

② ㋐、南海の楽園、チューク諸島《しょとう》にはいつも決まった時こくに鳴くセミがいる。Ⓐそれは、体が緑色で、とう明な羽を持ち、チリッチリッと鳴くミドリチッチゼミである。

その時こくは、いつも決まって夕方の五時五十六分。きっちり三十分間だけ鳴く。㋑、日による誤差《ごさ》は、わずか五分ほどだそうだ。

㋒、このセミ、鳴いているときに手をたたくと、その人の方に飛んできて、人の頭に止まるというおもしろい習性《しゅうせい》もある。

日本でもそのようなセミが一種類だけいる。沖縄にいるクロイワゼミで、夜の七時十五分になると鳴くそうだ。

③ 脳《のう》に体内時計があるセミは、このようなことができるのだ。

(1) 文中の㋐～㋒にあてはまる接続《せつぞく》語を□から選んで書きましょう。

㋐（　　）　㋑（　　）
㋒（　　）

しかも　また　ところが

(2) 文中のⒶは何を指していますか。

（　　）

(3) （　）にあてはまる言葉を書いて、①～③のだん落をまとめましょう。

① セミの（　　）時こくは、はっきり（　　）。

② （　　）やクロイワゼミは（　　）に鳴く。

③ 脳に（　　）があると、決まった時こくに鳴くことができる。

(4) (3)をもとに、この文章をまとめましょう。

脳に（　　）があるミドリチッチゼミやクロイワゼミは、（　　）ができる。

主張の読み取り

チェック

名前

月　日

1 次の『アンパンマンはどうして生まれたか』を読んで、後の問いに答えましょう。

自分の顔であるあんパンを、おなかをすかせた人に食べさせてあげるアンパンマン。

作者のやなせたかしさんは、この作品にかれの今までの人生をこめている。

やなせたかしさんは、おさないころに親とわかれ、さみしい思いをしていた。さらに、戦争中は、うえに苦しみながら中国大陸を千キロも歩き回った。

㋐そのような経験をしてきたかれは、自分をぎせいにしても、目の前にいるうえた人に一かけらのパンを差し出すことが正義《せいぎ》だと考えたのだ。

アンパンマンのマーチにもあるように、アンパンマンは人々にとって太陽なのだ。

(1) ㋐そのような経験とは、どんな経験ですか。二つ書きましょう。

・おさないころに（　　　　）、（　　　　）思いをしてきた。

・戦争中は（　　　　）に苦しんだ。

(2) やなせたかしさんの考える正義とは、どんなことですか。

自分を（　　　　）にしても、目の前の（　　　　）人に（　　　　）を差し出すこと。

2 次の『森の防潮堤《ぼうちょうてい》』を読んで、後の問いに答えましょう。

東日本大震災《しんさい》で発生したがれきは、二千万トン以上。この大量のがれきをどうするかが、大きな課題であった。

そこで、このがれきを活用しよう、という取り組みが始まった。青森県から福島県の海岸ぞいに、土とがれきを混《ま》ぜて土の提防《ていぼう》を築《きず》き、そこに、いろいろな種類の木を植えて、「森の防潮堤」をつくるという取り組みだ。

がれきの木へんは、十年で土にかえって、木の養分になる。また、コンクリートに根がまき付けば、木がたおれにくくもなる。

まさに、がれきというゴミを、有効《ゆうこう》な資源《しげん》として役立てようとしているのだ。

(1) どんなことが課題でしたか。

東日本大震災で発生した大量の（　　　　）をどうするかということ。

(2) (1)の課題に対して、どのような取り組みが行われましたか。

森の（　　　　）をつくる取り組み。

(3) 筆者が言いたいことは、何ですか。

がれきという（　　　　）を、有効な（　　　　）として役立てているということ。

主張の読み取り

ワーク

名前

月　日

文章の構成《こうせい》（説明文）

文章

- だん落（話題・問題提起《ていき》）
- だん落（具体例・原因《げんいん》・理由など）
- だん落（具体例・原因・理由など）
- だん落（結論《けつろん》・まとめ）

※はじめに結論から述《の》べたり、はじめとおわりの両方で結論を述べたりする文章もあります。

主張《しゅちょう》の読み取り

筆者の主張は結論・まとめのだん落を中心にまとめましょう。

結論・まとめのだん落は最後にあることが多いです。

まとめる文字数が多いときは、結論のほかに、何度も出てくる言葉などを入れると、よりくわしくなります。

1 次の『無くなってきた寝台《しんだい》列車』の①～④のだん落は、話題、具体例、主張のうち、どれを表していますか。下の（　）に書きましょう。

① 今の列車は、目的地にいかに早く着くかということが大事なようだ。

② たとえば、二〇一六年に開業した北海道新幹線《しんかんせん》は、新函館北斗《はこだてほくと》駅～東京駅間を、最短で三時間五十八分で走る。三時間台で北海道に行けるということで、飛行機と競争している。

③ そのえいきょうで利用客が減《へ》った上野～札幌《さっぽろ》間と大阪～札幌間の寝台列車は、定期的な運行を終了《しゅうりょう》した。

④ それにしても、すべてスピード第一で、寝台列車に乗って夜景を楽しんだり、語り合ったりする、ゆったりした時間がなくなってしまうのはさみしい限《かぎ》りだ。

①（　　）　②（　　）　③（　　）　④（　　）

2 筆者の主張を三十字程度《ていど》でまとめましょう。

主張の読み取り

おさらい

名前

月　日

次の『人口減少《げんしょう》の社会は?』を読んで、後の問いに答えましょう。

①　ある調査《ちょうさ》では、二一〇〇年には、日本の人口は、六千万人ほどになると予想されている。今の半分ほどだ。

②　㋐このことをふまえ、今後どういう社会にしていくべきかを考えなくてはならない。

③　人口減少社会になって住む人が減《へ》ると、今までにつくってきた道路、橋、トンネルなどの中には不要なものも出てくるだろう。

④　そこで、これまでの「つくる」から「こわす」という発想が必要になってくる。

⑤　その一つの例が、熊本県の球磨川《くまがわ》の中流にある、水力発電せん用の「荒瀬《あらせ》ダム」のてっ去工事だ。工事にふみきったのは、人口減少により必要な電力の量が減ったことと、自然をよみがえらせたいという思いからだった。六年かけて工事を終え、きれいな川と生き物たちがもどりつつあるという。

⑥　この工事は、人口減少社会への対策《たいさく》と、自然との共生を実現《じつげん》させた、一つのモデルであると言えるだろう。

⑦　これからの日本では、これまでの「競争の社会」から、人と人とが助け合い、自然とも共生する「共助・共生の社会」へと変わっていくことが求められるだろう。

(1)　この文章で、課題が書かれているのは何だん落ですか。

（　　）だん落

(2)　文中の㋐は何を指していますか。

日本の人口は、二一〇〇年には（　　）ということ。

(3)　(1)の課題に対して、どのような発想が必要になってきますか。

「　　　」から「　　　」

(4)　荒瀬ダムのてっ去工事が始まった理由を二つ書きましょう。

（　　）

（　　）

(5)　(1)の課題に対する筆者の主張《しゅちょう》が書かれているのは、何だん落ですか。

（　　）だん落

(6)　(5)のだん落での筆者の主張を書きましょう。

（　　）の社会から（　　）の社会へ変わるべきだ。

ヒーローネズミに金メダル

名前

月　日

次の文章を読んで、後の問いに答えましょう。

あるネズミに、金メダルがあたえられた。金メダルをもらったのは、アフリカオニネズミの「マガワ」だ。

世界には、戦争が終わった後も、そのときにうめられた※地雷《じらい》のそばで生きている人たちがいる。地雷をふむと、手足をなくしてしまったり、目が見えなくなってしまったりする。そんな中、このネズミは、持ち前の鼻の良さでたくさんの地雷を見つけ出し、多くの人々の命を救《すく》ったのだ。

では、そのためにどんな訓練をするのだろうか。まず、トレーナーはカチッと音がしたらごほうびのエサがもらえることを教えこむ。次に、火薬のにおいをかぎ分ける訓練をくり返し行う。そして、地雷のありそうなところを動き回り、地雷を見つけると、そこを引っかいて人間に知らせるように教える。もし地雷をふんでも、体重が一・二キログラムしかないので爆発《ばくはつ》しない。そして、見事さがし当てれば、大好物のバナナをあげるのだ。

こうした訓練を約一年間受けたマガワは、人間が金属《きんぞく》たん知機を使うと四日はかかる地雷のてっ去作業を、三十分ほどで終わらせることができるようになった。このことがみとめられ、イギリスの動物保護団体《ほごだんたい》から金メダルをもらった。まさに、人の命を救うヒーローネズミなのだ。

※地雷……地中にうめておき、人や戦車などがそれをふむと爆発する仕組みの爆弾《ばくだん》。

(1) 金メダルをもらったマガワは、何という種類のネズミですか。

（　　　　）

(2) マガワが地雷をふんでも爆発しないのはなぜですか。

（　　　　）

(3) マガワは、どのような訓練を受けましたか。順番に書きましょう。

① （　　）と音がしたらごほうびの（　　）がもらえることを覚える。

② （　　）をかぎ分ける。

③ 地雷を見つけたら、地面を（　　）人間に知らせる。

(4) マガワはなぜ金メダルをもらえたのですか。

（　　）のときにうめられた（　　）を見つけ出す作業を、人間なら四日かかるところを（　　）で終わらせることで、多くの命を救ったから。

笑うクロザル

名前　　　　　　　　　　月　　日

次の文章を読んで、後の問いに答えましょう。

「笑う門《かど》には福来《きた》る」ということわざにもあるように、昔から笑うことは良いこととされてきた。

その「笑い」によって、群れのきずなを深めている動物がいる。インドネシアのスラウェシ島にだけ生息する、クロザルである。

このサルは、歯を出してニッと笑い、口をパクパクさせて「仲良くしよう」というように相手とコミュニケーションをとる。おだやかな性《せい》格《かく》で、オスメス混《ま》じって五十頭前後もある群れをつくっている。

子育てでは、母ザルだけでなく、群れのメスもパクパクして赤ちゃんをあやす。母ザルたちは、時にはかんちがいで子ザルをおこってしまうこともある。そんなときは、だきしめてパクパクして仲直りする。

また、クロザルとふつうのサルを比《くら》べたⒶ実験がある。それぞれの前に鏡を置き、どのように反応《はんのう》するかを観察したのだ。すると、ふつうのサルは鏡にうつる自分を見つけると、てきだと思ってたたいたり、けったりした。一方クロザルは、口をパクパクさせてニッと笑い、あいさつしたのだ。この結果には、［㋐］よりも［㋑］を好むクロザルの性格が表れていると言えるだろう。

こうしてクロザルたちは、「笑い」というコミュニケーションをとることで仲間を増《ふ》やし、群れを大きくしてきたのである。

(1) クロザルは何によって群れのきずなを深めていますか。

（　　　　　　　　）

(2) クロザルは、どのようにしてコミュニケーションをとっていますか。二つに分けて書きましょう。

・（　　　　）を出して（　　　　）と笑う。

・口を（　　　　）させる。

(3) 文中のⒶはどんな実験ですか。

それぞれのサルの前に（　　　　）を置き、どのように（　　　　）するか観察する実験。

(4) (3)の実験の結果を書きましょう。

ふつうのサル（　　　　　　　　）

クロザル（　　　　　　　　）

(5) 文中の㋐、㋑にあてはまる言葉を、［　］から選んで書きましょう。

㋐（　　　　）　㋑（　　　　）

［ 平和　　争い ］

自然界のそうじ屋　フン虫

名前

月　日

次の文章を読んで、後の問いに答えましょう。

大仏《だいぶつ》で有名な奈良公園。そこには神様の使いとして大切にされているシカが、千三百頭ほどもいる。それだけいるとフンもすごい量で、一日に一トンにもなるという。

このフン、公園の関係者がかたづけているのは、観光客が通る道だけ。では、㋐そこ以外のフンはどうなっているのだろうか。

そこで大活やくするのが、ずばり「フン虫」。名前に「フン」と入っているが、きれいなるり色をしたルリセンチコガネや、あざやかな緑色をしたミドリセンチコガネなどもいる。㋑それらは、「森の宝石《ほうせき》」とも言われるほど美しい。

フン虫たちは、シカがフンをするとどこからともなく飛んできてフンを食べ始める。公園を人間に代わってきれいにする、おそうじ屋さんだ。

また、フン虫はフンの中にたまごを産み付ける。ハエもフンの中にたまごを産むことで知られているが、フン虫のよう虫はハエのたまごもいっしょに食べるので、ハエの発生を防《ふせ》ぐのにも役立っている。

それだけではない。フン虫のフンや食べかすはび生物の働きによってしばふの栄養になる。それにより、しばふはふつうの倍ほどもすくすく育ち、シカはたくさんのエサを食べることができる。

奈良公園では、こうした㋒自然界のリサイクルが成り立っているため、公園中がフンだらけにならないのだ。

(1) 奈良公園にいるシカのフンの量は、一日でどれくらいになりますか。

一日（　　　　）

(2) 文中の㋐は、どこを指していますか。

（　　　　）

(3) 文中の㋑は何を指していますか。

（　　　　）

（　　　　）

(4) フン虫は、公園のそうじ以外で何を防ぐのに役立っていますか。

（　　　　）

(5) ㋒自然界のリサイクルについて、（　）にあてはまる言葉を□から選んで書きましょう。

① フン虫が（　　）のフンを食べる。

② フン虫がフンをする。

③ しばふの（　　）となる。

④ シカが（　　）を食べる。

⑤ シカが（　　）をする。

栄養　しばふ　フン　シカ

パンダが竹を食べるのはなぜ？

名前

月　日

次の文章を読んで、後の問いに答えましょう。

かわいらしい見た目で人気のパンダですが、クマと同じようなするどい前歯を持っていて、もともとは動物の肉を食べていました。

でも、わたしたちの知っているパンダは、いつも竹やささを食べています。Ⓐなぜパンダは、竹やささを主食とするようになったのでしょうか。それには、大昔の地球かん境《きょう》が関係しています。

パンダは、約三百万年前から中国の広い地《ち》いきに生息していました。そのころの地球は、雪と氷の氷河《ひょうが》期でした。［㋐］、食べ物がほとんどなく、あるのは、その寒さでもかれることのない竹でした。そこで、生きのびるために竹を主食とするようになったのです。

ふつう草食動物の腸《ちょう》は、栄養をじっくり時間をかけて取り入れるため、体長の十倍以上あります。それにより、百グラムの草から八十グラムもの栄養をとることができます。［㋑］、パンダの腸の長さは肉食時代のままで、体長の約五倍しかありません。そのため、竹を消化する力が弱く、百グラムの竹からたった十七グラムしか栄養をとることができないのです。

だから、パンダは起きているときはひたすら食べ続け、そのほかの時間はほとんどねて、できるだけエネルギーを使わないようにしているのです。

(1) パンダはもともと、何を食べていましたか。

（　　　　）

(2) 文中のⒶに対する答えを書きましょう。

約三百万年前の地球は（　　　　）で、食べられるのは（　　　　）しかなかったから。

(3) 草食動物の腸はなぜ長いのですか。

（　　　　）

(4) 文中の㋐、㋑にあてはまる接続語《せつぞく》を［　］から選んで書きましょう。

㋐（　　　　）　㋑（　　　　）

つまり　しかし　だから

(5) 主食を変えたことによって、パンダの生活はどうなりましたか。

（　　　　）をしっかりとれないため、起きているときは（　　　　）、そのほかの時間はほとんど（　　　　）ことで、（　　　　）を使わないようになった。

飛ぶことをやめたペンギン

名前　　　　　　　月　　日

次の文章を読んで、後の問いに答えましょう。

「ペンギンが都会の大空を飛んでいるみたい」と、評判《ひょうばん》になった水族館があります。

もちろん、ペンギンは空を飛んでいません。水そうの後ろのかべがとう明になっていて、バックに青空やビルが見えるため、そう見えるのです。

ところが、昔のペンギンは、今のカモメのように空を飛んだり水面にうかんだりしていたらしいのです。では、どうして鳥類なのに飛ぶことをやめたのでしょうか。その理由は二つあると言われています。

一つ目は、昔のペンギンがくらしていたところはてきも少なく安全で、空を飛んでにげる必要があまりなかったことです。

二つ目は、水中にもぐってエサをさがすようになったことです。ペンギンにとって水中は、エサが豊富《ほうふ》で安全な場所だったのです。

それにあわせて、体のつくりも進化していきました。もともとあったつばさは水中で泳ぎやすいように短くなり、魚のヒレのようになっていきました。飛ばなくてもよくなった体は、ずっしりと重く、魚のような形になっていきました。すると、力が大きくなり、速く、そして長時間泳げるようになりました。

このようにして、ペンギンは飛ぶことをやめて、より水中でくらしやすいように進化していきました。ペンギンは飛Ⓐなくなったのではなく、飛Ⓑなくなったのです。

(1) 昔のペンギンはどんな生活をしていましたか。

・空を（　　　　）

・水面に（　　　　）

(2) ペンギンはなぜ(1)の生活をやめたのですか。理由を二つ書きましょう。

（　　　　）

（　　　　）

(3) 体のつくりは、どのように進化していきましたか。

① つばさ（　　　　）のようになった。

② 体（　　　　）のような形になった。

(4) (3)のように進化したことで、ペンギンはどんなことができるようになりましたか。

（　　　　）ようになった。

(5) 文中のⒶとⒷには、それぞれ「ば」か「べ」のどちらかが入ります。次の（　）に書きましょう。

Ⓐ（　　）　Ⓑ（　　）

クジラは陸を歩いていた？

名前

月　日

次の文章を読んで、後の問いに答えましょう。

地球上で初めての生命は、海で生まれた。その後も太古《たいこ》の生き物たちはみな海で生まれ、海から陸に上がっていった。しかし、㋐その逆《ぎゃく》をたどった生き物がいる。クジラだ。わたしたち人間と同じほ乳《にゅう》動物だが、陸から海の世界へもどっていったのだ。

クジラの祖先《そせん》は、長いしっぽがあり四本足で、全体は毛でおおわれ、今のオオカミのような体をしていたと言われている。名前は「パキケタス」。とてもおとなしい性格《せいかく》で、主に水辺で生活し、てきにおそわれたときや、エサをとるときに水中に入っていたようだ。

では、そんなにすがたがちがうのに、なぜ「パキケタス」がクジラの祖先とわかったのだろうか。

㋑そのなぞを解《と》くカギは、耳のほねにある。陸上でくらすほ乳動物は、音を空気のしん動でとらえる。そのため、空気のしん動を受けるすき間があり、耳のほねはうすい。しかし、海で生活するクジラは、水中で音を聞く必要がある。水中で伝わる音のしん動をまずあごのほねでとらえ、そのほねのしん動で音を聞くため、耳のほねは厚《あつ》くなっている。

「パキケタス」は、このクジラの耳の仕組みにとてもよく似《に》ている。このことから、クジラの祖先であると言われるようになったのだ。

今でこそ、魚そっくりの見た目で海をゆうゆうと泳いでいるクジラだが、昔はけもののようなすがたで陸を歩いていたのだ。

▲パキケタス

(1) 文中の㋐はどういうことですか。

ほかの生き物たちは（　　　）から（　　　）に上がっていったが、クジラは（　　　）から（　　　）の世界へもどっていったということ。

(2) クジラの祖先の動物は、どんな体をしていましたか。

（　　　　　　）のような体

(3) クジラの祖先の動物は、どんなときに水中に入っていましたか。二つ書きましょう。

（　　　　　　）

（　　　　　　）

(4) ㋑そのなぞとはどんななぞですか。文中からさがして〰〰を引きましょう。

(5) 陸上でくらすほ乳動物は音を何でとらえますか。

（　　　　　　）

(6) なぜパキケタスがクジラの祖先とわかったのですか。

クジラと同じように、耳の（　　　　）が（　　　　）から。

鳥のV字飛行

名前

月　日

次の文章を読んで、後の問いに答えましょう。

冬になると、ガンなどのわたり鳥が、V字飛行をしているのを見かけます。なぜ、㋐このような飛び方をするのでしょうか。

それは、鳥がはばたくときにできる空気の流れと関係しています。前を飛ぶ鳥のつばさのはしには、必ず上向きの空気の流れができます。だから、その風に乗るように、両側に鳥がついていくのです。そうして、自然とV字飛行になっていきます。後ろを飛ぶ鳥が受ける空気のていこうは最大二割《わり》ほど減《へ》るため、楽に飛ぶことができるようになります。

しかし、先頭を飛ぶ鳥はだれの助けもないため、空気のていこうが大きく大変です。だから、先頭の鳥がつかれたらまた別の鳥が先頭へ、というように何度も入れかわります。つまり、㋑先頭を飛ぶ鳥が、そのチームのリーダーとは決まっていないのです。

アネハヅルは、八千メートル級の山々がそびえ立つヒマラヤ山脈《さんみゃく》を飛びこえることで知られています。体長一メートル弱のとても小さいツルですが、V字飛行で山にふく上向きの風にうまく乗ることで、「ヒマラヤごえ」を達成します。

このようにしてわたり鳥たちは、仲間と協力し合いながら長旅を乗りこえます。

(1) 文中の㋐は、どんな飛び方ですか。

（　　　）

(2) (1)の飛び方は、何と関係していますか。

（　　　）

(3) (1)の飛び方をすると、後ろの鳥の空気のていこうはどれぐらい減りますか。

最大（　　　）

(4) なぜ、㋑と言えるのですか。

（　　　）

(5) アネハヅルはどこを飛びこえますか。

（　　　）山脈

(6) アネハヅルは、どのようにして(5)を飛びこえますか。

（　　　）

北海道の米作り

月　日

名前

次の文章を読んで、後の問いに答えましょう。

イネは、もともと気温の高い地方の植物です。ですから、北海道は米作りには向いていないとされていました。

しかし、あきらめずに寒さとたたかった末、ほの赤いイネが、実をつけているのが発見されました。「赤毛」という品種の稲作《いなさく》に初めて成功したのです。ここから、北海道での本格的《ほんかくてき》な米作りがスタートします。一八七三年のことでした。

そして、さらに寒さに強い「富国」なども生まれ、北海道各地で米作りができるようになりました。

しかし、Ⓐこのころの北海道米は、とにかく寒さに強く、たくさんとれるように改良されてきたため、味は二の次でした。

そこで今度は、おいしい米を作ろうということになり、一九八八年に「きらら397」が生まれました。このころから北海道米のおいしさがみとめられ始め、二〇一一年にできた「ゆめぴりか」が、とうとう食味検定《しょくみけんてい》でトップ三に入りました。「ゆめぴりか」は、北海道民の「夢」と、アイヌ語で「美しい」を意味する「ピリカ」をあわせて名付けられました。

今でこそ、とれる量もおいしさも日本トップクラスの北海道米ですが、このような努力あってのことだったのです。

(1) イネはもともと、どんな地方の植物ですか。

（　　　　）地方

(2) 北海道米が、品種改良されていく順に番号を書きましょう。

㋐（　）富国

㋑（　）ゆめぴりか

㋒（　）きらら397

㋓（　）赤毛

(3) 文中のⒶのころは、どんなことが大事でしたか。

（　　　　）に強く、（　　　　）とれること。

(4) (2)の中で、食味検定でトップ三に入った米の品種は何ですか。

（　　　　）

(5) (4)の名前の由来について、（　）にあてはまる言葉を書きましょう。

（　　　　）の「夢」と（　　　　）語で「（　　　　）」を意味する言葉をあわせた。

一度の田植えで二度とれる!?

名前

月　日

次の文章を読んで、後の問いに答えましょう。

秋の稲《いね》かりを終えた田んぼ。中には、かり取られた根元からまたイネが育って、ほをつけているものもある。㋐そんなイネの再生《さいせい》力をいかしたいという思いから、一回の田植えで二回稲かりを行う㋑研究が始まった。

これまでも、同じ田んぼで年に二回イネを育てる「二期作《にきさく》」は行われてきた。しかし、田植えも二回するため労力がかかる。そのうえ、米の消費《しょうひ》量も減《へ》ってきているため、近年では行われなくなってきているのだ。

研究を進めるにあたり、㋒二つの要因《よういん》があると考えられた。一つは一回目の稲かりの時期、もう一つは残す根元の長さだ。そこで、田植えなどの条件《じょうけん》は同じにして、この二つを変え、計四パターンで調べてみることにした。

その結果、一回目の稲かりを少しおそめに、そして根元を長めに残してかり取るとより多くの米をしゅうかくできることがわかった。

今はまだ動物のエサ用の品種による実験だが、㋓この方法を取り入れることで、約三倍のしゅうかく量が見こめるとされた。

農家で働く人は年々減っている。少ない労働力で多くの米がしゅうかくできるこの研究がさらに進めば、㋔今後の米作りも変わっていくだろう。

(1) 文中の㋐について説明しましょう。

（　　）根元からイネが育ち（　　）がつくというイネの再生力。

(2) 文中の㋑の研究と二期作のちがいについて、（　）にあてはまる数を書きましょう。

二期作は、同じ田んぼで年に（　）回田植えと稲かりを行うが、㋑は（　）回の田植えで稲かりは（　）回行う。

(3) 文中の㋒はどんなことですか。

（　　）

（　　）

(4) 文中の㋓はどんな方法ですか。

（　　）

(5) 研究が進むことで、㋔はどのように変わりますか。

少ない（　　）で、（　　）がしゅうかくできるようになる。

日本海の好漁場　大和堆の問題

名前

月　日

次の文章を読んで、後の問いに答えましょう。

日本の好漁場《こうぎょじょう》※1として、太平洋側にある三陸海岸沖がよく知られています。しかし、日本海側にも好漁場はあります。

それは、佐渡島《さどがしま》や能登《のと》半島から二百キロメートル沖にある大和堆《やまとたい》です。この海底は小高くもり上がっていて、水深が浅く大陸だな※2のようになっています。また、海流がぶつかる場所でもあるため、魚などのエサとなるプランクトンが多く、イカやカニなどがよくとれます。

そのため、大和堆に周辺の国からも漁に来るようになりました。その結果、日本の漁船が安全に漁ができないという問題㋐が起こっています。この大和堆のあるあたりは、排他的経済水域《はいたてきけいざいすいいき》で、日本が自由に漁をして良い領域《りょういき》です。

しかし、この領域㋑は周辺国と重なることもあります。実際《じっさい》に、「自分の国もこの領域で漁ができる」ということを主張《しゅちょう》している国もあります。

このままでは、日本の漁船が安心して漁ができません。今後、おたがいになっとくできるような、ねばり強い話し合いをしていくことが求められます。

※1　好漁場……魚がよくとれる場所のこと。
※2　大陸だな……大陸の近くにある浅い海で、魚が多く集まる。

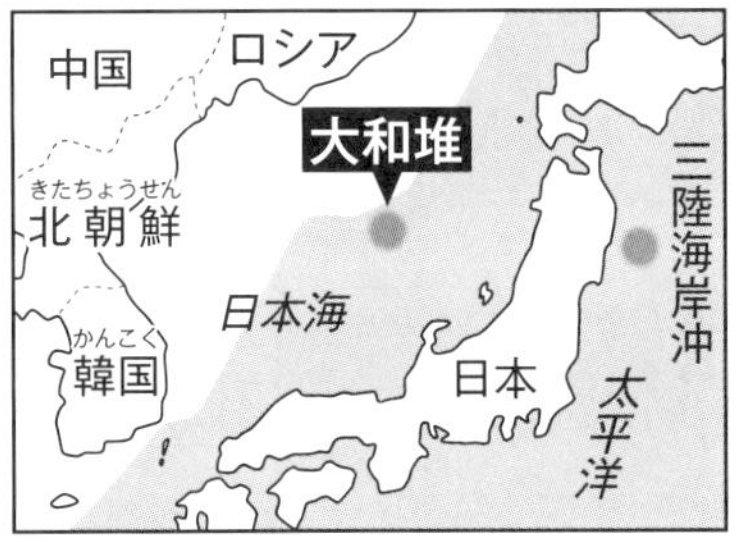

▲　は日本の排他的経済水域

(1) 日本の好漁場として、どこがありますか。

①　太平洋側（　　　　）

②　日本海側（　　　　）

(2) (1)の②は、なぜ好漁場なのですか。

水深が浅く（　　　　）のようになっていて、（　　　　）がぶつかる場所のため、（　　　　）が多いから。

(3) 文中の㋐は、どんな問題ですか。

（大和堆に　　　　）

(4) この領域㋑とは何ですか。

(5) 今後、どうしていくことが求められますか。

（　　　　）

富士山はどうやってできた？

名前

月　日

次の文章を読んで、後の問いに答えましょう。

「富士《ふじ》は、日本一の山」と、歌われる富士山。その高さは、日本一だ。Ⓐ、どれだけ遠くから見えるかを調べると、なんと北は福島県、西は和歌山県からも見えたという。

では、どうして三千七百七十六メートルもの高い山ができたのだろうか。

高い山のでき方には、大きく分けて二つある。一つは、ふん火によるものだ。それにより、地表にふき出したよう岩や火山灰《かざんばい》などが積み重なってできる。もう一つは、大陸などの陸地がぶつかってできる場合だ。

富士山の場合は前者で、数十万年前のふん火で先小《せんこ》御岳《みたけ》ができ、その後に小御岳と愛鷹山《あしたかやま》ができた。そして、今から十万年ほど前に、この二つの山の間に古富士《こふじ》という今の富士山のもとになる山ができた。

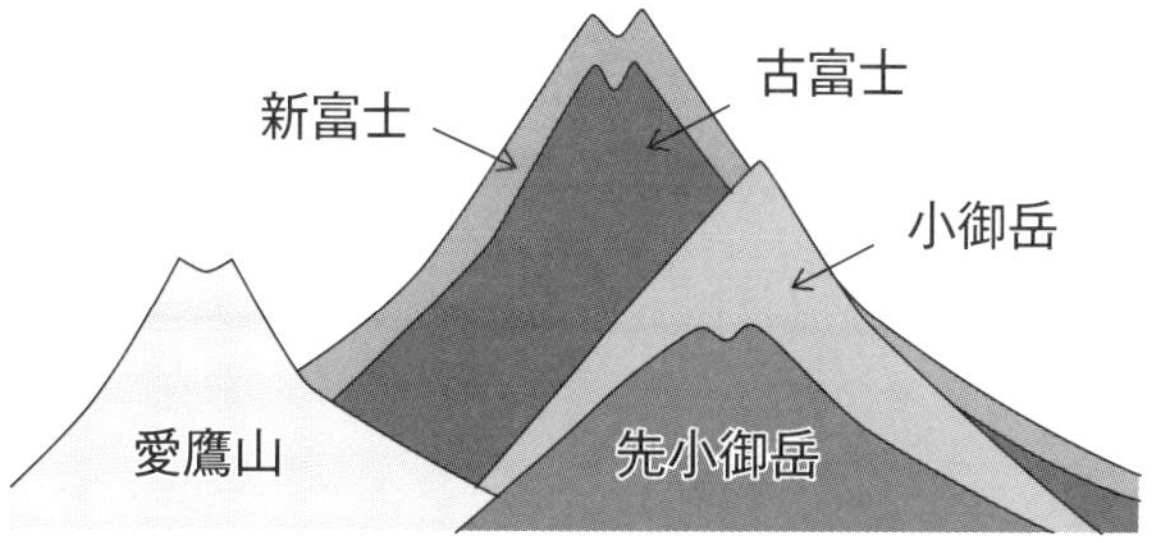

この古富士は、火山活動がとても活発だった。どんどん大きくなって小御岳をおおい、さらに愛鷹山のふもとまですそ野を広げた。そして、一万年ほど前、新たに新富士《しんふじ》もふん火し、現在《げんざい》の富士山ができた。Ⓑ、富士山は四つの火山が積み重なった山なのだ。

(1) 富士山が見える一番北の県と西の県を書きましょう。

① 一番北（　　）県

② 一番西（　　）県

(2) 高い山のでき方を二つ書きましょう。

①（　　）によって、ふき出したよう岩や（　　）などが積み重なる。

② 大陸などの（　　）がぶつかる。

(3) 富士山のでき方は、(2)の①と②のどちらですか。

（　　）

(4) 現在の富士山ができるまでの順番になるように、（　）に番号を書きましょう。

㋐（　）小御岳

㋑（　）先小御岳

㋒（　）古富士

㋓（　）新富士

(5) 文中のⒶ、Ⓑにあてはまる接続語《せつぞく》を［　］から選んで書きましょう。

Ⓐ（　　）　Ⓑ（　　）

では　つまり　そこで

エベレストの山頂から化石!?

名前

月　日

次の文章を読んで、後の問いに答えましょう。

日本一高い富士山《ふじさん》は、火山活動のくり返しによってできた。一方、世界一高いエベレストは、大陸がぶつかってできた。

こうしてできた山は、高い山がいくつも連なっており、山脈《さんみゃく》とよばれている。

エベレストは、ヒマラヤ山脈の一部だ。その山脈の長さは二千四百キロメートルもあり、高さ八千メートルをこえる山がいくつもある。このことから、「世界の屋根」ともよばれている。

その山頂《さんちょう》から、古代の海にすんでいた三葉虫《さんようちゅう》などの化石が発見されたこともある。

なぜ、山頂からそれら㋐が発見されたのだろうか。

今から二億二千五百万年ほど前の地球は、今のように分かれておらず、「パンゲア大陸」という一つの大陸のかたまりと、一つの大きな海洋だった。しだいにこの大陸㋑がいくつかに分かれ始め、約五千万年前から四千万年前の間に、この大陸からはなれたインド大陸が、赤道をこえてユーラシア大陸にぶつかった。

このとき、二つの大陸の間にあった海底が大きくおし上げられてどんどんもり上がり、エベレストができたと言われている。だから、山の頂上なのに海の生き物の化石が数多く発見されるのだ。

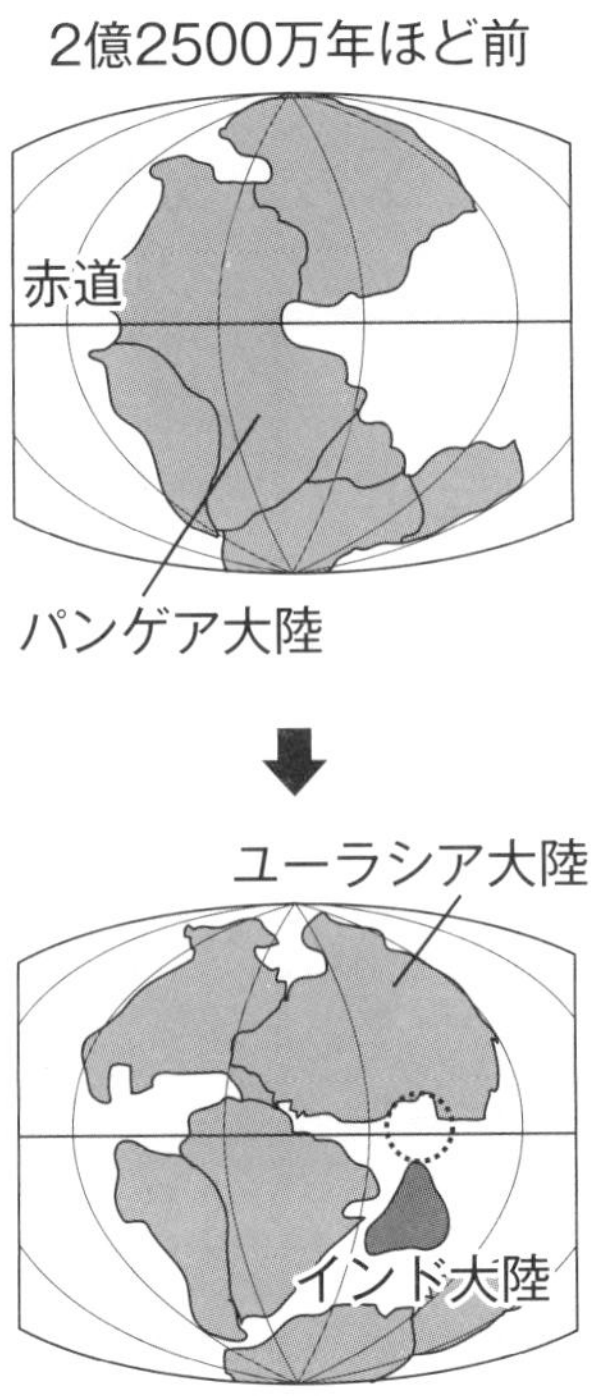

▲◌のあたりの海底がおし上げられた。

(1) エベレストは、どのようにしてできた山ですか。

（　　　　　）

(2) エベレストは、何山脈の一部ですか。

（　　　　　）山脈

(3) (2)は、何とよばれていますか。

（　　　　　）

(4) 文中の㋐、㋑が指す内容《ないよう》を書きましょう。

㋐（　　　　　）

㋑（　　　　　）

(5) エベレストは、何大陸と何大陸がぶつかってできたのですか。

（　　　）大陸と（　　　）大陸

(6) なぜ、エベレストの頂上に海の生き物の化石があるのですか。

（　　　　　から。）

月　日

名前

ど根性大根

次の文章を読んで、後の問いに答えましょう。

野菜が育てられているところを想像《そうぞう》してみてほしい。多くの人は、畑やビニールハウスを想像するだろう。ところが、あるところに、「ど根性《こんじょう》大根」とよばれ、道路のすき間から芽を出して大きくなった大根があった。

「ど根性」という名前は、「こんなところで育つなんてすごい！」という気持ちから名付けられた。ふつう大根は、土を耕《たがや》してひ料や水をやるなど、さまざまな手入れをして育つ。Ⓐそれに比《くら》べると、「きびしいかん境《きょう》なのにたくましい大根だな」と思うだろう。

［㋐］、それはあくまで人間側の気持ち。野菜にとってみれば、案外Ⓑそこは過《す》ごしやすい場所なのだ。

というのも、広い畑で育てられる野菜は、ほかの植物と日光のうばい合いをしなければならない。Ⓒそれに負けると、かれてしまう。

［㋑］、まわりがアスファルトなどで固められている道路のすき間は、まわりに競争相手がいないので、日光をひとりじめすることができる。そのうえ、アスファルトが水分のじょう発を防《ふせ》いでくれる。［㋒］、発芽さえできればⒹ天国なのだ。

この「ど根性」野菜、二〇〇五年ごろから、大根をはじめアスパラガスやトマトなど、いろいろなものが全国各地で発見されている。もし近所にあれば、ぜひ観察してみよう。

(1) ど根性大根はどこで芽を出しましたか。

（　　　　　　）

(2) 文中のⒶは何を指していますか。

ふつう大根は、さまざまな（　　　　　　）をして育つということ。

(3) 文中のⒷについて、人間と野菜それぞれの見方を書きましょう。

人間……（　　　　　　）かん境。

野菜……（　　　　　　）場所。

(4) 文中の㋐～㋒にあてはまる接続語《せつぞくご》を［　］から選んで書きましょう。

㋐（　　　　）　㋑（　　　　）

㋒（　　　　）

だから　しかし　一方

(5) 文中のⒸは何を指していますか。

（　　　　　　）

(6) Ⓓ天国と言える理由を二つ書きましょう。

（　　　　　　）

（　　　　　　）

いろいろな体温計

名前

月　日

次の文章を読んで、後の問いに答えましょう。

熱を測《はか》るのに使う、体温計。わきにはさんで測るものや、おでこに数秒かざすだけで測ることができるものなど、さまざまな種類があります。店などでは、カメラが顔認証《にんしょう》をして自動的に体温が表示《ひょうじ》されるものもあります。

では、なぜ体にあてなくても体温が測れるのでしょうか。

わきで測る体温計は、はだから伝わる熱で体温計を直接《ちょくせつ》温めて測ります。それに対し、おでこにかざして測る体温計は、体から出ている赤外線の強さを測っています。赤外線は、目には見えない光のようなものです。赤外線はすべてのものが出していて、熱いものほど強くなる性質《せいしつ》があります。この強さがどれくらいかを測ることで、体温を測定しているのです。カメラが顔認証をして体温を表示するのも、これと同じ仕組みを利用しています。カメラで赤外線をとらえて温度を読み取り、体の表面の温度を表示しています。

ただし、おでこにしてもカメラの顔認証にしても、体の表面の温度を測っているため、そのままだと低めの数字が出やすいという弱点があります。そのため、おでこや顔で測った温度を、体の中心の温度に直して表示しているそうです。

Ⓐこれらの体温計は、すばやくたくさんの人の体温を測ることができるので、世界中で使用されています。

(1) どのような体温計がしょうかいされていますか。三つ書きましょう。

① (　　　　) にはさんで測るもの。

② (　　　　) にかざして測るもの。

③ (　　　　) が顔認証をして測るもの。

(2) (1)の①は、何によって体温を測りますか。

(　　　　)

(3) おでこにかざして測る体温計は、どのような仕組みで体温を測っていますか。

(　　　　) から出ている (　　　　) の強さを測っている。

(4) (3)と仕組みが似《に》ているのは、次のうちどちらですか。〇をつけましょう。

㋐ (　) わきで測る体温計

㋑ (　) カメラの顔認証による体温計

(5) 文中のⒶの体温計の弱点に〜〜〜を引き、その対策《たいさく》について (　) に書きましょう。

(　　　　)

石から作られる紙

月　日

名前

次の文章を読んで、後の問いに答えましょう。

① 石から作られる紙という、なんとも不思議な紙がある。使う石は、石灰石《せっかいせき》。日本中で採《と》ることができる、国内自給率《じきゅうりつ》百パーセントの天然資源《しげん》だ。この石から、紙が作られていく。

② Ⓐこの紙のすごいところは、紙を作る過程《かてい》で水をほとんど使わないことだ。木材から一トンの紙を作ろうとすると、百トンほどの水が必要となるが、その水を節約することができる。

③ また、紙の原料が木材ではなく石なので、森林をばっ採《さい》しなくてもよいところもすぐれた点だ。

④ さらにこの紙は、何回も再利用《さいりよう》できる上、細かくくだいたものを固めると「ペレット」というプラスチックの代わりになるものを作り出すこともできる。プラスチックの原料は石油だから、Ⓑこの紙が広まればその使用量も減《へ》ってくる。

⑤ また、この石灰石は、日本だけでなく世界中に広く分布《ぶんぷ》している。そこで、水資源はあまりないが石灰石が豊富《ほうふ》にあるさばく地帯でも紙が作れるのではないかと期待されている。

⑥ このように、地球のさまざまな場所にある［㋐］を使って［㋑］や、プラスチックの代わりになるものを作ることができれば、［㋒］・［㋓］・［㋔］の使用量をおさえることができる。この紙が、地球のかん境《きょう》問題に役立つ日がやってくるかもしれない。

(1) 文中のⒶは、何から作られる紙のことですか。

（　　　　）

(2) ②、③のだん落では、Ⓐと何を比《くら》べていますか。

（　　　　）から作られる紙

(3) (1)から紙を作る利点を二つ書きましょう。

・（　　　　）をほとんど使わないこと。

・（　　　　）をばっ採しないこと。

(4) なぜⒷと言えるのですか。

この紙を加工して「ペレット」を作れば（　　　　）の代わりになり、その原料である（　　　　）をたくさん使わなくてすむから。

(5) ㋐～㋔にあてはまる言葉を文中からさがして書きましょう。

㋐（　　　　）　㋑（　　　　）

㋒（　　　　）　㋓（　　　　）

㋔（　　　　）

(6) 筆者は、この紙が何に役立つと述《の》べていますか。

（　　　　）

北極と南極のちがい

名前

月　日

次の文章を読んで、後の問いに答えましょう。

北極と南極は、どちらも赤道からかなりはなれており、とても寒い氷の世界です。では、どちらが寒いか知っていますか？「北」とついている方が寒そうですね。北極でしょうか。

実は、より寒いのは南極です。北極と南極の大きなちがいは、南極は「大陸」で、北極は「海」ということです。北極は、北極点のまわりの海といくつかの島などを指します。大部分が海で、一つの「北極大陸」というものはないのです。

南極は、「氷床《ひょうしょう》」とよばれる分厚《ぶあつ》い氷でおおわれています。北極にも氷はありますが、その厚さは大きくちがいます。北極は厚さ数メートルですが、南極は厚いところで四千メートルほど。富士山よりも分厚い氷があるのです。

この氷の厚さのちがいが、気温に表れてきます。北極の平均《へいきん》気温はマイナス十八度ですが、南極はマイナス五十度にもなります。

また、北極は、一年中こおっているのではなく、夏には島々に植物が生えてきて花もさき、エサも豊富《ほうふ》なため数多くの動物が生息しています。しかし、南極の陸地は寒すぎて木が一本も生えてこず、陸上のみで生活するほ乳類《にゅうるい》はいません。だから、ペンギンのように海にエサがある動物でないと生きていけないのです。

北極と南極。どちらも寒い場所ですが、このようなちがいがあるのです。

(1) 北極と南極の大きなちがいは何ですか。

南極は（　　）で、北極は（　　）ということ。

(2) 北極と南極の平均気温は、何度ですか。

北極……（　　）

南極……（　　）

(3) 平均気温の差は、何が原因《げんいん》ですか。

（　　）のちがい

(4) 北極と南極の、植物と動物のちがいについて書きましょう。

① 北極

夏には（　　）が生えて（　　）もさき、数多くの（　　）が生息している。

② 南極

（　　）が一本も生えてこず、（　　）にエサがある動物でないと生きていけない。

地球の水問題

名前

月　日

次の文章を読んで、後の問いに答えましょう。

「水のわく星」ともよばれ、地表面※1の大部分が水でおおわれている地球。しかし、地球上にある水の大半は海水で、人間にとって大事な淡《たん》水《すい》はわずか二・五パーセントしかない。しかも、その多くは南極などの氷だ。川や湖など、身近な水は全体の〇・〇一パーセント。地球上のすべての水をおふろ一ぱい分とすると、生活に利用できる水はたったスプーン一ぱい分ほどということだ。

日本では水道のじゃ口をひねると、当たり前のように安全な水が出る。[ア]、世界では八億人以上がⒶその水を手に入れられないという。ある研究によれば、二〇五〇年には人口増加《ぞうか》などの理由により水不足に直面する人は今の五倍にまで増《ふ》えるとされている。

日本は今後、人口が減《へ》っていくと予想されている。しかし、Ⓑ水不足の問題は日本も他人事ではない。[イ]、日本国内の食料自給率《じきゅうりつ》※2は三十～四十パーセントほどしかなく、海外からの輸入《ゆにゅう》にかなりたよっているからだ。

食料の生産にも、大量の水を使う。[ウ]、食パン一斤《きん》を作るのに使う水の量は、小麦を育てるのに必要な水の量も計算すると、おふろ三ばい分にもなるのだ。

地球全体で起きている、水問題。貴重《きちょう》な水をいかに使っていくか、日本に住むわたしたちも考えていく必要があるだろう。

※1　地表面……地球の表面。
※2　食料自給率……国内で食べられた食料のうち、国内で生産された食料を割合《わりあい》で表したもの。

(1) 地球は、地表面の大部分が水でおおわれていることから何とよばれていますか。

（　　　　　　）

(2) 地球上のすべての水をおふろ一ぱい分とすると、生活に使える水はどれくらいですか。

（　　　　　　）ほど

(3) 文中のⒶは何を指していますか。

（　　　　　　）な水

(4) 文中のア～ウにあてはまる接続語《せつぞく》を[　]から選んで書きましょう。

ア（　　　）　イ（　　　）　ウ（　　　）

[たとえば　なぜなら　しかし]

(5) 文中のⒷの理由について答えましょう。

日本は食料自給率が（①　　）、海外からの（②　　）にたよっているが、（②　　）される食料の生産にも（③　　）の水を使うから。

[高く　輸入　少量
低く　大量　輸出]

「SDGs」と蹴上インクライン

名前

月　日

次の文章を読んで、後の問いに答えましょう。

　二〇一五年に国連サミットで採択《さいたく》された、「SDGs《エスディジーズ》」。「持続可能《じぞくかのう》な開発目標」の略称《※1りゃくしょう》だ。国際《こくさい》社会で協力して取り組むべき十七の目標を挙げている。その中に、「エネルギーをみんなに　そしてクリーンに」という目標がある。

　それが、実は明治《めいじ》の初めの京都で取り組まれていたという。「琵琶湖疏水《びわこそすい》」だ。

　琵琶湖といえば滋賀県だが、明治時代、この琵琶湖から京都に水を引く工事をすることとなった。そしてできた水路が「琵琶湖疏水」だ。この水路を、水を引くだけでなく、船で人や物を運べるようにすることも計画された。

　しかし、琵琶湖から流れる水が、京都の蹴上《※2けあげ》の辺りで急げきに流れ落ちるという問題があった。そこで、船を安全に運航《うんこう》するために作られたのがインクラインだ。台車に船をのせて、急な坂を上り下りするための線路で、船用のケーブルカーのようなものだ。

　この台車を動かす電力に使ったのが、急しゃ面を流れ落ちる力を利用した水力発電である。この発電は二酸化炭素《にさんかたんそ》を出さず、自然の力を使った㋐クリーンな再生可能《さいせいかのう》エネルギーだ。

　さらに、このクリーンな電力を使って、日本初の路面電車を走らせることにも成功した。かん境《きょう》にも人にもやさしいこの取り組みは、まさに、「エネルギーをみんなに　そしてクリーンに」と言えるだろう。

※1　略称……名前を省略《しょうりゃく》してよぶこと。
※2　蹴上……京都市内の地名の一つ。

(1)　「SDGs」は、何の略称ですか。

（　　　　）

(2)　琵琶湖疏水は、水を引く以外に何に利用しようと計画されましたか。

（　　　　）

(3)　(2)の計画を行う上での問題は何でしたか。

（　　　　）

(4)　(3)の問題を解決するために、何が作られましたか。

（　　　　）

(5)　(4)は、どのようなものでしたか。

（　　　　）に（　　　　）をのせて移動《いどう》させるようにしたもので、（　　　　）と同じような仕組みでできている。

(6)　水力発電は、なぜ㋐と言えるのですか。理由を二つ書きましょう。

（　　　　）

（　　　　）

注文の多い料理店 ①

名前

月　日

次の文章を読んで、後の問いに答えましょう。

　二人のわかいしんしが、すっかりイギリスの兵隊の形をして、ぴかぴかする鉄ぽうをかついで、白くまのような犬を二ひき連れて、だいぶ山おくの、木の葉のかさかさしたとこを、Ⓐこんなことを言いながら、歩いておりました。

「ぜんたい、ここらの山はけしからんね。鳥もけものも一ぴきもいやがらん。何でもかまわないから、早くタンタアーンと、やってみたいもんだなあ。」

「鹿の黄色な横っぱらなんぞに、二、三発お見まい申したら、ずいぶんつうかいだろうねえ。くるくるまわって、それからどたっとたおれるだろうねえ。」

　それはだいぶの山おくでした。案内してきた専門《せんもん》の鉄ぽううちも、ちょっとまごついて、どこかへ行ってしまったくらいの山おくでした。

　それに、Ⓑあんまり山がものすごいので、その白くまのような犬が、二ひきいっしょに目まいを起こして、しばらくうなって、それからあわをはいて死んでしまいました。

「実にぼくは、二千四百円の損害《そんがい》だ。」

と、一人のしんしが、その犬のまぶたを、ちょっと返してみて言いました。

「ぼくは二千八百円の損害だ。」

と、もう一人が、Ⓒくやしそうに、頭を曲げて言いました。

（宮沢 賢治　青空文庫より）

(1) 二人のしんしは、何をかついでいましたか。

（　　　　）

(2) 文中のⒶが指している部分の初めと終わりの言葉を書きましょう。

「□□□□□～□□□□□」。

(3) (2)から、この二人のしんしについて、あてはまるものに○をつけましょう。

ア（　）鳥やけものをころすのは、かわいそうだけど、早く鉄ぽうを使いたい。

イ（　）鹿などのけものが苦しんで死んでも、何とも思わない。

ウ（　）自分の楽しみよりも、相手のことを考えたい。

(4) Ⓑということがわかる二ひきの犬のようすについて、文中からさがして書きましょう。

（　　　　）

(5) なぜⒸのようにしていたのですか。

（　　　）が死んで、（　　　）円損をしたと感じたから。

注文の多い料理店　②

名前

月　日

次の文章を読んで、後の問いに答えましょう。

【料理は、もうすぐできます。十五分とお待たせはいたしません。Ⓐすぐ食べられます。早くあなたの頭にびんの中のこう水をよくふりかけてください。】

［ア］、戸の前には金ぴかのこう水のびんが置いてありました。二人はそのこう水を、頭へぱちゃぱちゃふりかけました。

［イ］、そのこう水は、どうもすのようなにおいがするのでした。

「このこう水は、変にすくさい。どうしたんだろう。」

「まちがえたんだ。下女《げじょ》がかぜでも引いて、まちがえて入れたんだ。」

Ⓑ二人は戸を開けて中に入りました。

戸のうら側には、大きな字でこう書いてありました。

【いろいろ注文が多くてうるさかったでしょう。お気の毒《どく》でした。もうこれだけです。どうか体中に、つぼの中の塩をたくさんよくもみこんでください。】

「どうもおかしいぜ。」

〈中略《ちゅうりゃく》〉

「ぼくもおかしいと思う。」

「Ⓒたくさんの注文というのは、向こうがこっちへ注文してるんだよ。」

（宮沢 賢治　青空文庫より）

(1) Ⓐすぐ食べられますとありますが、後の文章の内《ない》容《よう》から、次のどの意味で使われていると考えられますか。○をつけましょう。

ア（　　）しんしたちが、すぐに食べることができるということ。

イ（　　）しんしたちが、もうすぐ料理にされて食べられてしまうということ。

ウ（　　）しんしたちが、もうすぐ料理をお食べになるということ。

(2) 文中のア、イにあてはまる接続語《せつぞく》を□から選んで書きましょう。

ア（　　　　）　イ（　　　　）

そして　なぜなら　ところが

(3) こう水について、不思議に思った二人でしたが、Ⓑのようにしたのはどう考えたからですか。

（　　　　）のようだが、下女が（　　　　）でも引いて、（　　　　）と考えたから。

(4) 文中のⒸとはどういうことですか。次の（　）に「店」か「客」を書きましょう。

ふつうは（　　）が（　　）に注文するが、この店では（　　）が（　　）に注文しているということ。

注文の多い料理店 ③

名前

月　日

次の文章を読んで、後の問いに答えましょう。

「だからさ、西洋料理店というのは、ぼくの考えるところでは、西洋料理を、来た人に食べさせるのではなくて、来た人を西洋料理にして、食べてやる家《うち》と、こういうことなんだ。㋐これは、その、つ、つ、つ、つまり、ぼ、ぼ、ぼくらが……。」

がたがたがたがたふるえだして、もうものが言えませんでした。

〈中略《ちゅうりゃく》〉

風がどうとふいてきて、草はザワザワ、木の葉は［Ⓐ］、木は［Ⓑ］と鳴りました。

犬がフウとうなってもどってきました。

そして後ろからは、

「だんなあ、だんなあ。」

とさけぶ者があります。

㋑二人はにわかに元気がついて、

「おおい、おおい、ここだぞ、早く来い。」

とさけびました。

みのぼうしをかぶった専門《せんもん》のりょう師《し》が、草をザワザワ分けてやってきました。

そこで二人はやっと安心しました。

〈中略〉

しかし、さっき一ぺん紙くずのようになった二人の顔だけは、東京に帰っても、お湯に入っても、もう元のとおりになおりませんでした。

（宮沢　賢治　青空文庫より）

(1) 文中の㋐のような話し方から、どんなようすが伝わりますか。一つ選んで○をつけましょう。

㋐（　　）わくわくしてこうふんしているようす

㋑（　　）よく考えながら話しているようす

㋒（　　）きょうふでおびえているようす

(2) 文中のⒶ、Ⓑにあてはまる言葉を、［　］から選んで書きましょう。

Ⓐ（　　　　）　Ⓑ（　　　　）

［ゴトンゴトン　カサカサ］

(3) 文中の㋑について、後の問いに答えましょう。

① なぜ急に元気になったのですか。

（　　）がもどってきて、（　　）がさけんでくれたから。

② 二人はその後、何とさけびましたか。

（　　　　　　）

(4) 東京にもどっても元にもどらなかったのは何ですか。

（　　　　　　）

雪わたり

名前

月　日

次の文章を読んで、後の問いに答えましょう。

　Ⓐ雪がすっかりこおって大理石よりもかたくなり、Ⓑ空も冷たいなめらかな青い石の板でできているらしいのです。

「かた雪かんこ、しみ雪しんこ。」

　Ⓒお日様が、真っ白に燃《も》えてユリのにおいをまき散らし、また雪をぎらぎら照らしました。

　Ⓓ木なんか、みんなザラメ※をかけたように、しもでぴかぴかしています。

「かた雪かんこ、しみ雪しんこ。」

　四郎《しろう》とかん子とは、小さな雪ぐつをはいてキックキックキック、野原に出ました。

　こんな㋐おもしろい日が、またとあるでしょうか。いつもは歩けないきびの畑の中でも、すすきでいっぱいだった野原の上でも、好きな方へどこまでも行けるのです。平らなことは、まるで一まいの板です。そしてそれが、たくさんの小さな小さな鏡のようにキラキラキラキラ光るのです。

「かた雪かんこ、しみ雪しんこ。」

　二人は、森の近くまで来ました。大きなかしわの木は、枝《えだ》もうずまるくらい立派《りっぱ》なすきとおったつららを下げて、㋑重そうに体を曲げておりました。

「かた雪かんこ、しみ雪しんこ。きつねの子ぁ、よめぃほしい、ほしい。」

と、㋒二人は森へ向いて高くさけびました。

※ザラメ……つぶのあらいさとう。

（宮沢　賢治　青空文庫より）

(1) 文中のⒶ～Ⓓの言葉は、どのように表現されていますか。

Ⓐ 雪……（　　　）よりもかたい。

Ⓑ 空……（　　　）

Ⓒ お日様…（　　　）のにおい。

Ⓓ 木……（　　　）をかけたように、しもで（　　　）している。

(2) 四郎とかん子が、くり返し言っている言葉を書きましょう。

（　　　）

(3) ㋐おもしろい日とありますが、どんなことがおもしろいのですか。

いつもは歩けない（　　　）でも、（　　　）でいっぱいだった（　　　）の上でも、好きな方へ（　　　）こと。

(4) 文中の㋑について、重そうに体を曲げていたのは何ですか。

（　　　）

(5) 文中の㋒について、二人は、森の中のだれに向かってさけびましたか。

やなせたかしとアンパンマン

名前

月　日

次の文章を読んで、後の問いに答えましょう。

　自分の顔であるあんパンを、おなかをすかせた人に分けあたえるアンパンマン。どのようにして、「顔を食べさせる」というキャラクターが生まれたのだろうか。作者であるやなせたかしさんの人生を見てみよう。

　やなせさんは、一九一九年に東京で生まれた。五さいのとき、父親が病気でなくなると、母親と別れ、弟と二人で高知県の親せきの家にあずけられた。親せきはとても良くしてくれたが、㋐このときのさみしさは、弟にも言えないほどだった。それをわすれさせてくれたのが、絵をかくことだった。

　十八さいのとき、絵の勉強のために東京の学校へ進学した。そして、卒業して働き出して一年ほどで、中国大陸の戦場に行くことになった。そこでは、うえに苦しみながら千キロメートルも歩き回った。食べ物がほとんど無く、道ばたの草まで食べたという。

　終戦後も、このときの㋑つらい経験《けいけん》をわすれられなかった。それぞれの正義《せいぎ》のためにきずつけ合う戦争。やなせさんは、正義とは何かを考え続けた。

　そしてやなせさんが出した答えは、目の前に食べ物にこまっている人がいたら、自分がぎせいになってでも、食べ物を差し出すのが正義だということだった。

　㋒こうした経験をもとに、アンパンマンが生まれた。この作品にはやなせさんの今までの人生がこめられている。

(1) アンパンマンの作者はだれですか。

（　　　　　）

(2) 文中の㋐の原因《げんいん》となったことを書きましょう。

（　　　　　）が病気でなくなり、

（　　　　　）と別れたこと。

(3) ㋐をわすれさせてくれたのは何でしたか。

（　　　　　）

(4) 文中の㋑とは、どんな経験のことですか。

中国大陸の戦場で、（　　　　　）がほとんどなく、（　　　　　）まで食べて歩き回ったこと。

(5) やなせたかしさんの考える正義について、（　）にあてはまる言葉を書きましょう。

（　　　　　）にこまっている人には、

自分が（　　　　　）になってでも、

（　　　　　）こと。

(6) 文中の㋒について、文中の言葉で書きましょう。

□□□□ と □□

今も生きる　鉄腕アトム

名前

月　日

次の文章を読んで、後の問いに答えましょう。

近年、ロボット業界の進歩は目覚ましく、人間と会話ができるA《エー》・I《アイ》（人工知能《ちのう》）ロボットもたくさん出ている。

手塚治虫《てづかおさむ》によって「鉄腕《てつわん》アトム」が発表されたのは一九五二年。今日のようなロボットが現《げん》実《じつ》に登場するなんて、夢のまた夢と思われていたころのことだ。

人間の子どもとそっくりに作られたアトム。ロボットだから成長はしない。［㋐］、心を持っている。その心は、お茶の水博士《はかせ》や友達とのあたたかい関係で、育まれていく。

A・Iロボットのアトムは、自分の判断《はんだん》で行動する。［㋑］、何か事件《じけん》が起きれば、十万馬力のジェットですぐに飛んで行き、解決《かいけつ》する。

あるとき、アトムは博士に「人間と同じ心を持つロボットにしてほしい」とお願いする。このことは、ロボットと人間のちがいを考える上でむずかしい点だろう。アトムは、心を持っているが、人間ほど複雑《ふくざつ》な感情《かんじょう》はわからない。もしアトムが人間のように「こわい」という感情を持ったら、それまでのように、事件を解決できなくなってしまうかもしれない。

今後、さらにロボット研究が進めば、見た目も心も人間と同じようなロボットが出てくるかもしれない。ロボットと人間が共生していくためにも、ロボットの果たすべき役わりもあわせて考えていく必要があるだろう。

(1) 一九五二年、手塚治虫によって何が発表されましたか。

（　　　　）

(2) (1)のロボットの特ちょうを三つ書きましょう。

・（　　　　）とそっくり。

・（　　　　）を持っている。

・（　　　　）で行動する。

(3) 文中の㋐、㋑にあてはまる接続語《せつぞく》を［　］から選んで書きましょう。

㋐（　　　　）　㋑（　　　　）

［だから　だが　つまり］

(4) 筆者は、今後どのようなロボットが出てくるかもしれないと言っていますか。

（　　　　）

(5) これからロボットと人間が共生していくために、考えるべきことは何ですか。

（　　　　）

主語・述語 チェック 〔P4〕

1
(1) おもち
(2) ついたときの水分
(3) 水じょう気になって、おもちを風船のようにふくらませる。

2
(1) ひがた
(2) チゴガニ
(3) 「がんばれ、がんばれよ。」と エールを送っているように見える。

主語・述語 ワーク 〔P5〕

1
① ぼくたちは （ ）
② 子どもたちは （ ）
③ ※主語なし （なし）

2
① （主語）アリが （述語）出ていった
② （主語）コガネムシは （述語）カつきた

主語・述語 おさらい 〔P6〕

(1) 四十六億年（ほど）前
(2) 海
(3) 海そうのようなもの クラゲのような生物
(4) 三葉虫 アノマロカリス
(5) ピカイア
(6) やわらかなぼうのようなもの
※ (3)、(4)順不同

修飾語 チェック 〔P7〕

1
(1) 口の中
(2) 歯をとかす成分
(3) （口の中の）つばの働き

2
(1) ゴミすての回数を減らせるそうじ機
(2) ネコの舌《した》
(3) （何を）トゲのような小さなとっ起物 （どこに）ゴミをちぢめるパーツ

修飾語 ワーク① 〔P8〕

1
① 妹は、小さいころから デザイナーを 目指している。
② ミツバチは、前あしと 中あしを 使って 花粉団子を 作る。
③ ムササビは、グライダーのように 飛ぶために、前あしから 後ろあしに 広がった 皮まくを いっぱいに 広げる。

2
① オオアリクイは シロアリを なめる。
② サハラギンアリは エサさがしを する。

修飾語 ワーク② 〔P9〕

① チーターは アフリカの草原に すむ。
② 父は、九時過ぎに帰ってきた。
③ わたしは、母と歩いた。
④ アイスクリームは中国で生まれた。

修飾語 おさらい 〔P10〕

(1) ミカンの仲間の木
(2) 葉の味見をしているから。
(3) 前あしの先
(4) 左右のあしで、葉をこうごにたたく。
(5) ミカンの仲間の葉の味がする成分
(6) ドラミング

理由を聞かれているから、「〜から。」と答えているよ。

文の組み立て① チェック 〔P11〕

1
① 活動が 始まった。
② ムササビは かけ上がる。
③ ムササビは 飛ぶ。
④ （ムササビは） 動かす。

2
(1) パーム油
(2) スナックがし カップラーメン せんざい
(3) アブラヤシのさいばい
※ (2)順不同

使われているの文の主語は省略されているよ。
前の文の「パーム油」が使われているんだね。

文の組み立て① ワーク 〔P12〕

①
②
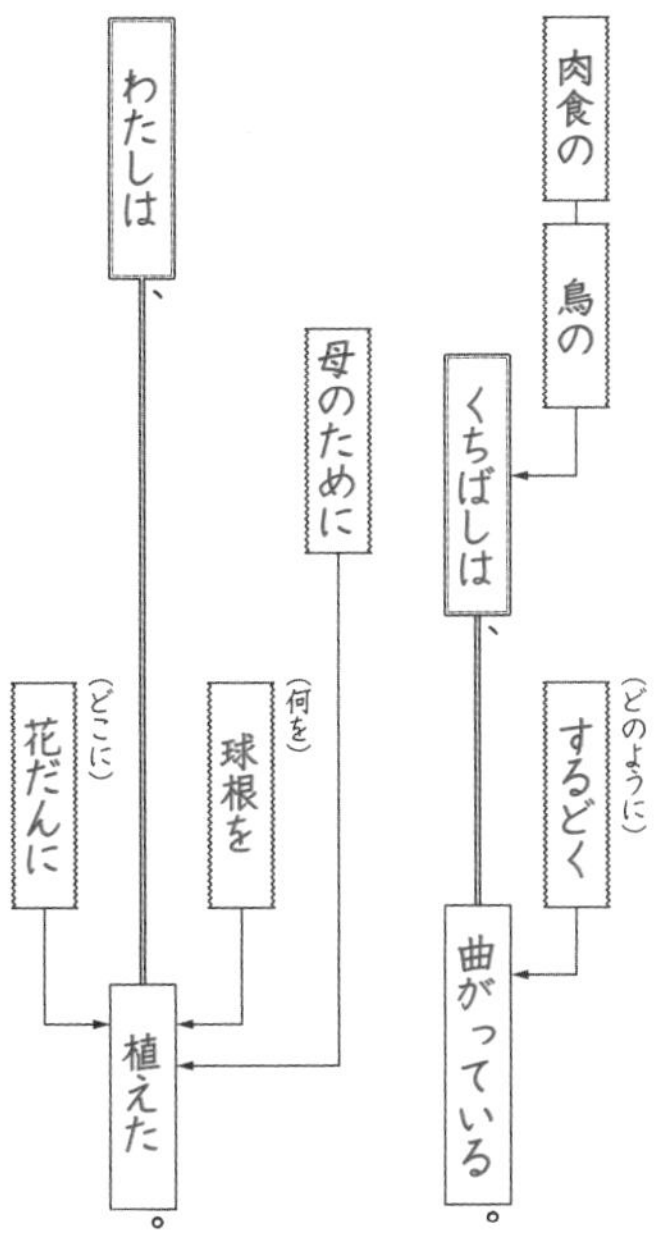

文の組み立て ① おさらい 〔P13〕

(1) カブトのようなこうら
(2) カニ
(3) クモの仲間
(4) せなかを下にして泳ぎ回る。
(5) （すんでいるところ）海の浅いところ
（食べ物） ゴカイやアサリ
(6) （おどろくことに）カブトガニは、約二億年前から今まで、すがたを変えずに、今でも瀬戸内海や北九州で生きています。

文の組み立て ② チェック 〔P14〕

1
(1) ① 一石のお米がとれる面積。
② 大人が一年間に食べるお米の量の単位。
(2) パン・スパゲッティ
(3) お米を作る面積を減らす政策。

2
(1) ご飯、おしる、おかず、つけもの
(2) 一口大に切る・つまむ・運ぶ
(3) （家族）一人一人が、自分のはしやおわんを持つこと。
※ (1)順不同

文の組み立て ② ワーク 〔P15〕

① ㋑
② ㋐

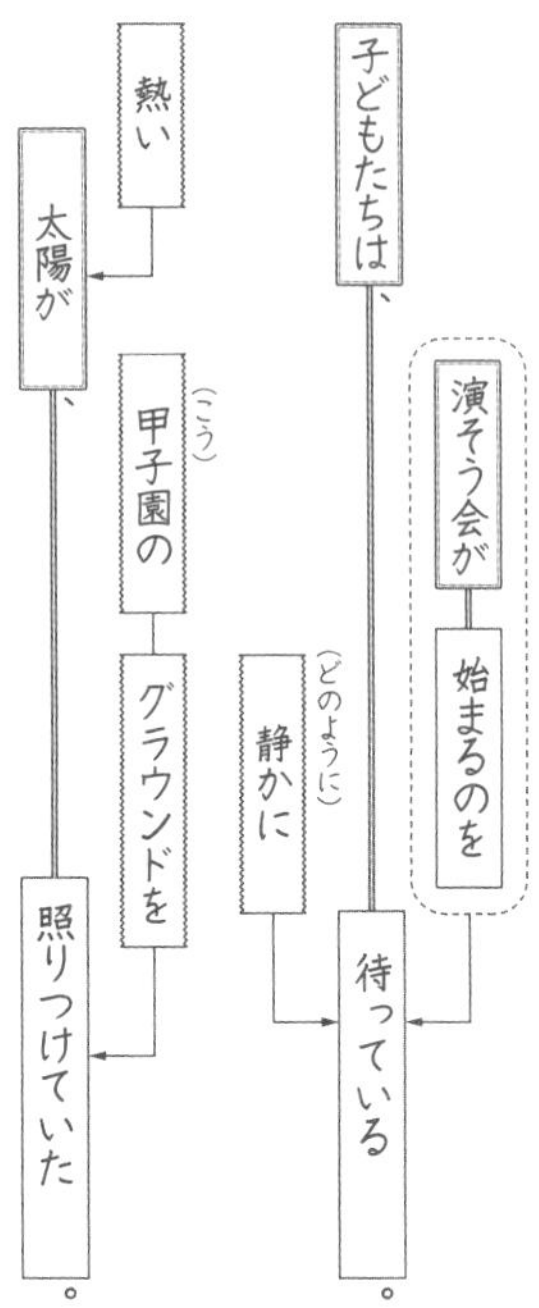

㋐
子どもたちは、
演そう会が
始まるのを
（どのように）
静かに
待っている
。
㋑
熱い
太陽が、
（こう）
甲子園の
グラウンドを
照りつけていた
。

文の組み立て ② おさらい 〔P16〕

(1) 三葉虫
(2) 化石の王様
(3) 三まいの葉
(4) （ダンゴムシのように）体を丸める。
（海底の）どろの中にかくれる。
(5) 三億年
(6) 体を大きくせず、身を守ることだけを考えてきたから。
※ (4)順不同

理由を聞かれているから、「～から。」と答えているよ。

指示語 ① チェック 〔P17〕

1
(1) ユネスコの無形文化遺《い》産
(2) ㋐ 和食の
㋑ だし
㋒ コンブ、かつお節、にぼし
(3) うま味
※ (2)㋒順不同

2
(1) ㋐ 洋上風力発電
㋑ 海面にうかせる方法
㋒ 台風の対策
(2) 海底に固定する方法
(3) 日本の周りの海は、水深五十メートル以上の深い海が多いから。

指示語 ① ワーク 〔P18〕

① グローブ
② 絵はがき
③ 天ぷらの
④ 沖縄

指示語 ① おさらい 〔P19〕

(1) おなかの先にあるイボ
(2) ㋐ クモの糸の
㋑ クモの巣の
㋒ たて糸
(3) かみの毛の約十～二十分の一
(4) ① あ、え
② い、う
(5) 正反対
※ (4)順不同

Ⓐの前に、「これらの正反対の性質をうまく組み合わせることで」とあるね。

指示語 ② チェック 〔P20〕

1
(1) 肉食恐竜の（大きぼな）巣づくり地
(2) 見つかった巣の半分以上で、ひながからをわって出たあとが発見されたこと。
(3) このように

2
(1) 米の品質低下
(2) 白くにごった米やひびわれた米が増えること。
(3) にこまる、つやひめ
※ (2)、(3)順不同

「このように」は、それまでの内容をまとめて結論を述べるときに使うよ。

指示語 ② ワーク 〔P21〕

① ジャングルジムの一番上
② 母がおかしを持って来てくれたこと。
③ ㋐ この大量のがれきをどうするかということ。
㋑ 東日本大震災《しんさい》で発生した大量のがれきをどうするかということ。

指示語 ② おさらい 〔P22〕

⑴ あながあいているので、しょう来の見通しが良いとされているから。
⑵ 地中のくき
⑶ 地上に出ている葉
⑷ ㋐ レンコンの
㋑ 水深いどろの中
㋒ レンコンとレンコンのつなぎ目
⑸ 初め ……レンコンは水
終わり……なっている。
⑹ 空気の通り道

9行目の初めからだよ。
ここから、空気の通り道について
くわしく説明しているね。

接続語 ① チェック 〔P23〕

1
⑴ すると、しかし、それで、でも、だから
⑵ 順接……すると、それで、だから
逆接……しかし、でも
※ ⑵順不同

2
⑴ ゾウ
⑵ ㋐ それでも ㋑ なぜなら
⑶ たんぱく質

接続語 ① ワーク 〔P24〕

1
① だから
② けれども
③ なぜなら

2
① ㋐
② ㋑
③ ㋑

接続語 ① おさらい 〔P25〕

⑴ Ⓐ しかし Ⓑ だから
⑵ イカやタコの仲間
⑶ 一番外側の部屋
⑷ ㋐ なぜなら ㋑ だから
㋒ それでも
⑸ 空になった部屋に、空気や海水をためる。
※順不同

接続語 ② チェック 〔P26〕

1
⑴ ㋐ そして ㋑ では ㋒ つまり
⑵ 東京やその周辺が、昔むさしの国とよばれていたから。

2
⑴ 米のとぎじる→そうじ→水やり
⑵ ㋐ つまり ㋑ そのうえ
⑶ 水を大切に使い、ふんにょうまでもリサイクルしていたから。

接続語 ② ワーク 〔P27〕

① つまり
② では
③ そのうえ
④ それとも
⑤ たとえば

接続語 ② おさらい 〔P28〕

⑴ 白人と黒人がいっしょに生活をしてはいけないこと。
⑵ ㋐ そして ㋑ しかし
㋒ なぜなら ㋓ つまり ㋔ さらに
⑶ はだの色に関係なく、だれもが大切にされ、平和にくらせる国。
⑷ にじ色の国づくり
⑸ 子どもをいかに育てていくかが社会にとって最も重要だと考えたから。
※ ⑴順不同

理由の読み取り　チェック　〔P29〕

1
(1) ひらがなの練習をしていたとみられる土器
(2) ① 二〇一二年
② 京都府
(3) 昔は、土器よりも紙の方が高価だったから。

2
(1) 食べた物
(2) 調査前……（安定した）農耕生活
調査後……（不安定な）しゅりょう生活
(3) ほねの成分が、肉食性の強いキツネなどに近かったから。

理由の読み取り　ワーク　〔P30〕

1
① つまり
② なぜなら

2
① 食事を作る時間がないので、冷とう食品を買ってきた。
② まどを開けるのは、部屋の空気をきれいにするためだ。
③ 毎朝、友達と走っている。次のマラソン大会が、いっしょに走る最後なのだ。

理由の読み取り　おさらい　〔P31〕

(1) 心と脳《のう》の関係
(2) ア なぜなら　イ だから
(3) 脳は、一度できないと思うと、（それが脳《のう》全体に広がってしまい、）自分を守るために、できない理由をさがし始めるから。
(4) できる自分を思いうかべながら、おなかでゆっくりこきゅうをして、気持ちを落ち着かせる。

※(1)順不同

だん落のまとめと小見出し　チェック　〔P32〕

1
(1) 北九州市の八幡《はた》製鉄所
(2) 鉄の記念日
(3) 『近代製鉄の始まりは釜《かま》石から』

2
(1) ツバメ
(2) 雨が近づくと、ツバメのエサとなる虫たちが低く飛ぶので、ツバメも低く飛ぶから。
(3) 『ツバメをながめて天気予想』

①のだん落には２つの文があるね。
２つ目の「たとえば……」の文は具体例だから、
１つ目の文を中心にまとめよう。

だん落のまとめと小見出し　ワーク　〔P33〕

1
① （主語）米作りは　（述語）たたかいだった。
② 冷害とたたかってきた北海道米

2
① （主語）「赤毛」が　（述語）変えたのだ。
② 〈例〉北海道の米作りを変えた「赤毛」

3
① しかし、さらに発芽に大事なのは、昼はあたたかく、夜は冷えるという温度変化だ。
② （主語）大事なのは　（述語）温度変化だ。
③ 〈例〉発芽に大事な温度変化

「さらに大事なのは」と大事な内容であることを示しているね。線は文のはじめから終わりまで引こう。

だん落のまとめと小見出し　おさらい　〔P34〕

(1) 自分のたまごを、ほかの親に育ててもらうこと。
(2) 子育てしてもらう……カッコウナマズ
子育てする……シクリッド
(3) ア （番号）③
（小見出し）〈例〉シクリッドの口の中にたまごをまぎれこませるカッコウナマズ
イ （番号）⑦
（小見出し）〈例〉シクリッドから出ていくカッコウナマズの子ども
ウ （番号）⑤
（小見出し）〈例〉シクリッドを食べるカッコウナマズ

文章の要約　チェック　〔P35〕

1
① 農業用水のためのダムが必要だ。
② ダムから落ちる水の勢いを弱めよう。
③ ダムからあふれ出る水がゆるやかに落ちるようになった。
④ 水のカーテンのような「日本一美しいダム」になった。

2
(1) 間ばつ材は売っても安いことが多いこと。
(2) ・家具
・バスの待合室やベンチ
(3) 〈例〉森づくり活動の「見える化」

文章の要約　ワーク　〔P36〕

1
① なぜかは、血をすうのか。
② かは産らんの時期になると血をすう。
③ 血には産らんのために必要な栄養がふくまれている。
④ 血をすっているかはメスだけだ。

2
〈例〉かのメスは、産らんに必要な栄養をとるために血をすう。

文章の要約　おさらい　〔P37〕

(1) ㋐ ところが　㋑ しかも
㋒ また

(2) いつも決まった時こくに鳴くセミ

(3) ① セミの鳴く時こくは、はっきり決まっていない。
② ミドリチッチゼミやクロイワゼミは決まった時こくに鳴く。
③ 脳に体内時計があると、決まった時こくに鳴くことができる。

(4) 脳に体内時計があるミドリチッチゼミやクロイワゼミは、決まった時こくに鳴くことができる。

主張の読み取り　チェック　〔P38〕

1

(1) ・おさないころに親とわかれ、さみしい思いをしてきた。
・戦争中はうえに苦しんだ。

(2) 自分をぎせいにしても、目の前のうえた人に一かけらのパンを差し出すこと。

2

(1) 東日本大震災で発生した大量のがれきをどうするかということ。

(2) 森の防潮堤《ちょうてい》をつくる取り組み。

(3) がれきというゴミを、有効な資源《げん》として役立てているということ。

主張の読み取り　ワーク　〔P39〕

1

① 話題
② 具体例
③ 具体例
④ 主張

2

〈例〉スピード第一で、ゆったりした時間がなくなってしまうのはさみしい。

主張の読み取り　おさらい　〔P40〕

(1) ②だん落

(2) 日本の人口は、二一〇〇年には今の半分ほどになるということ。
（六千人ほどになるでも可）

(3) 「つくる」から「こわす」

(4) 人口減少により必要な電力の量が減ったから。
自然をよみがえらせたかったから。

(5) ⑦だん落

(6) 競争の社会から共助・共生の社会へ変わるべきだ。

※ (4)順不同

ヒーローネズミに金メダル　〔P41〕

(1) アフリカオニネズミ

(2) 体重が一・二キログラムしかないから。

(3) ① カチッと音がしたらごほうびのエサがもらえることを覚える。
② 火薬のにおいをかぎ分ける。
③ 地雷を見つけたら、地面を引っかいて人間に知らせる。

(4) 戦争のときにうめられた地雷《らい》を見つけ出す作業を、人間なら四日かかるところを三十分ほどで終わらせることで、多くの命を救ったから。

理由を聞かれているから、「〜から。」と答えているよ。

笑うクロザル　〔P42〕

(1) 笑い（笑うことでも可）

(2) ・歯を出してニッと笑う。
・口をパクパクさせる。

(3) それぞれのサルの前に鏡を置き、どのように反応するか観察する実験。

(4) （ふつうのサル）てきだと思ってたたいたり、けったりした。
（クロザル）　口をパクパクさせてニッと笑い、あいさつした。

(5) ㋐ 争い　㋑ 平和

自然界のそうじ屋　フン虫　〔P43〕

(1) 一日一トン

(2) 観光客が通る道

(3) ルリセンチコガネ
ミドリセンチコガネ

(4) ハエの発生

(5) ① フン虫がシカのフンを食べる。
② フン虫がフンをする。
③ しばふの栄養となる。
④ シカがしばふを食べる。
⑤ シカがフンをする。

※ (3)順不同

パンダが竹を食べるのはなぜ？　〔P44〕

(1) 動物の肉

(2) 約三百万年前の地球は氷河期で、食べられるのは竹しかなかったから。

(3) 栄養をじっくり時間をかけて取り入れるため。

(4) ㋐ だから　㋑ しかし

(5) 栄養をしっかりとれないため、起きているときは食べ続け、そのほかの時間はほとんどねることで、エネルギーを使わないようになった。

理由を聞かれているから、「〜ため。」と答えているよ。

飛ぶことをやめたペンギン〔P45〕

(1) ・空を飛ぶ
・水面にうかぶ

(2) まわりにてきが少なく安全で、空を飛んでにげる必要があまりなかったから。
水中にもぐってエサをさがすようになったから。

(3) ① 魚のヒレのようになった。（ヒレでも可）
② 魚のような形になった。

(4) 速く、長時間泳げるようになった。

(5) Ⓐ べ　Ⓑ ば

※ (2)順不同

理由を聞かれているから、「〜から。」と答えているよ。

クジラは陸を歩いていた？〔P46〕

(1) ほかの生き物たちは海から陸に上がっていったが、クジラは陸から海の世界へもどっていったということ。

(2) オオカミのような体

(3) てきにおそわれたとき。
エサをとるとき。

(4) そんなにすがたがちがうのに、なぜ「パキケタス」がクジラの祖先とわかったのだろうか。

(5) 空気のしん動

(6) クジラと同じように、耳のほねが厚いから。

※ (3)順不同

「どんなとき」と聞かれているから、「〜とき。」と答えているよ。

鳥のV字飛行〔P47〕

(1) V字飛行

(2) 鳥がはばたくときにできる空気の流れ

(3) 最大二割《わり》

(4) 先頭の鳥は何度も入れかわるから。

(5) ヒマラヤ山脈

(6) V字飛行で山にふく上向きの風にうまく乗る。

理由を聞かれているから、「〜から。」と答えているよ。

北海道の米作り〔P48〕

(1) 気温の高い地方

(2) ㋐ 2
㋑ 4
㋒ 3
㋓ 1

(3) 寒さに強く、たくさんとれること。

(4) ゆめぴりか

(5) 北海道民の「夢」と、アイヌ語で「美しい」を意味する言葉をあわせた。

一度の田植えで二度とれる!?〔P49〕

(1) かり取られた根元からイネが育ちほがつくというイネの再生力。

(2) 二期作は、同じ田んぼで年に二回田植えと稲かりを行うが、㋑は一回の田植えで稲かりは二回行う。

(3) 一回目の稲《いね》かりの時期
残す根元の長さ

(4) 一回目の稲《いね》かりを少しおそめに、そして根元を長めに残してかり取る（方法）。

(5) 少ない労働力で、多くの米がしゅうかくできるようになる。

※ (3)順不同

日本海の好漁場　大和堆の問題〔P50〕

(1) ① 三陸海岸沖
② 大和堆《たい》

(2) 水深が浅く大陸だなのようになっていて、海流がぶつかる場所のため、プランクトンが多いから。

(3) 大和堆に周辺の国からも漁に来るため、日本の漁船が安全に漁ができない（という問題）。

(4) 排他的経済水域

(5) おたがいになっとくできるような、ねばり強い話し合いをしていくこと。

「どうしていくこと」と聞かれているから、「〜していくこと。」と答えているよ。

富士山はどうやってできた？〔P51〕

(1) ① 福島県
② 和歌山県

(2) ① ふん火によって、ふき出したよう岩や火山灰《はい》などが積み重なる。
② 大陸などの陸地がぶつかる。

(3) ①

(4) ㋐ 2
㋑ 1
㋒ 3
㋓ 4

(5) Ⓐ そこで　Ⓑ つまり

エベレストの山頂から化石!?〔P52〕

(1) 大陸がぶつかってできた。

(2) ヒマラヤ山脈

(3) 世界の屋根

(4) ㋐ 三葉虫などの化石　㋑ パンゲア大陸

(5) インド大陸とユーラシア大陸

(6) 〈例〉エベレストはインド大陸とユーラシア大陸がぶつかり、その間にあった海底が大きくおし上げられてできたから。

※ (5)順不同

「海底がおし上げられた（もり上がった）」ということがキーワードだよ。

ど根性大根〔P53〕

(1) 道路のすき間

(2) ふつう大根は、さまざまな手入れをして育つということ。

(3) 人間……きびしいかん境。
植物……過ごしやすい場所。

(4) ㋐ しかし　㋑ 一方　㋒ だから

(5) 日光のうばい合い

(6) (まわりに競争相手がいないので、)日光をひとりじめすることができるから。
アスファルトが水分のじょう発を防いでくれるから。

※ (6)順不同

いろいろな体温計〔P54〕

(1) ① わきにはさんで測るもの。
② おでこにかざして測るもの。
③ カメラが顔認証をして測るもの。

(2) はだから伝わる熱

(3) 体から出ている赤外線の強さを測っている。

(4) ㋑

(5) (弱点) 体の表面の温度を測っているため、そのままだと低めの数字が出やすい
(対策) 測った温度を体の中心の温度に直して表示している。

石から作られる紙〔P55〕

(1) 石灰《かい》石

(2) 木材から作られる紙

(3) ・水をほとんど使わないこと。
・森林をばっ採しないこと。

(4) この紙を加工して「ペレット」を作ればプラスチックの代わりになり、その原料である石油をたくさん使わなくてすむから。

(5) ㋐ 石灰《かい》石　㋑ 紙　㋒ 木材　㋓ 水　㋔ 石油

(6) 地球のかん境問題

※ (5)㋒㋓㋔順不同

「石」の中でも、「石灰石」から作られる紙のことを述べているね。

北極と南極のちがい〔P56〕

(1) 南極は大陸で、北極は海ということ。

(2) 北極……マイナス十八度
南極……マイナス五十度

(3) 氷の厚さのちがい

(4) ① 夏には植物が生えて花もさき、数多くの動物が生息している。
② 木が一本も生えてこず、海にエサがある動物でないと生きていけない。

地球の水問題〔P57〕

(1) 水のわく星

(2) スプーン一ぱい分ほど

(3) 安全な水

(4) ㋐ しかし　㋑ なぜなら　㋒ たとえば

(5) ① 低く　② 輸入　③ 大量

SDGsと蹴上インクライン〔P58〕

(1) 持続可能な開発目標

(2) 船で人や物を運ぶこと。

(3) 琵琶湖《びわこ》から流れる水が、京都の蹴上《けあげ》の辺りで急げきに流れ落ちること。

(4) インクライン

(5) 台車に船をのせて移動させるようにしたもので、ケーブルカーと同じような仕組みでできている。

(6) 二酸化炭素を出さないから。
自然の力を使っているから。

※ (6)順不同

注文の多い料理店 ①〔P59〕

(1) ぴかぴかする鉄ぼう

(2) 「ぜんたい、〜だろうねえ。」

(3) ㋑

(4) 二ひきいっしょに目まいを起こして、しばらくうなって、それからあわをはいて死んでしまいました。

(5) 犬が死んで、二千八百円損をしたと感じたから。

注文の多い料理店 ②〔P60〕

(1) ㋑

(2) ㋐ そして　㋑ ところが

(3) すのようだが、下女がかぜでも引いて、まちがえて入れたと考えたから。

(4) ふつうは客が店に注文するが、この店では店が客に注文しているということ。

注文の多い料理店 ③〔P61〕

(1) ㋒

(2) Ⓐ カサカサ　Ⓑ ゴトンゴトン

(3) ① 犬がもどってきて、りょう師がさけんでくれたから。
② おおい、おおい、ここだぞ、早く来い。

(4) 紙くずのようになった二人の顔

雪わたり 〔P62〕

(1) Ⓐ 大理石よりもかたい。
Ⓑ （冷たいなめらかな）青い石の板
Ⓒ ユリのにおい。
Ⓓ ザラメをかけたように、しもでぴかぴかしている。
(2) かた雪かんこ、しみ雪しんこ。
(3) いつもは歩けないきびの畑の中でも、すすきでいっぱいだった野原の上でも、好きな方へどこまででも行けること。
(4) かしわの木
(5) きつねの子

やなせたかしとアンパンマン 〔P63〕

(1) やなせたかし
(2) 父親が病気でなくなり、母親と別れたこと。
(3) 絵をかくこと。
(4) 中国大陸の戦場で、食べ物がほとんどなく、道ばたの草まで食べて歩き回ったこと。
(5) 食べ物にこまっている人には、自分がぎせいになってでも、食べ物を差し出すこと。
(6) さみしさとうえ

今も生きる　鉄腕アトム 〔P64〕

(1) 鉄腕《わん》アトム
(2) ・人間の子どもとそっくり。
・心を持っている。
・自分の判断で行動する。
(3) ㋐ だが　㋑ だから
(4) 見た目も心も人間と同じようなロボット
(5) ロボットの果たすべき役わり

読解習熟プリント　小学5年生　大判サイズ

2021年4月20日　発行

著　者　馬場田　裕康

発行者　面屋　尚志

企　画　フォーラム・A

発行所　清 風 堂 書 店
〒530-0057　大阪市北区曽根崎 2-11-16
TEL 06-6316-1460／FAX 06-6365-5607
振 替　00920-6-119910

制作編集担当　青木　圭子
表紙デザイン　ウエナカデザイン事務所